Albert Köster

Der Dichter der geharnschten Venus

Albert Köster

Der Dichter der geharnschten Venus

ISBN/EAN: 9783743654372

Hergestellt in Europa, USA, Kanada, Australien, Japan

Cover: Foto ©Thomas Meinert / pixelio.de

Weitere Bücher finden Sie auf **www.hansebooks.com**

Der Dichter

der

Geharnschten Venus.

Eine litterarhistorische Untersuchung

von

Albert Köster.

Marburg.

N. G. Elwert'sche Verlagsbuchhandlung.

1897.

An Edward Schröder.

Es bedarf, lieber Freund, zwischen uns keiner besondren Versicherung der Freude über ein kollegiales Verhältnis, das harmonischer nicht zu wünschen und zum besten Teile Ihr Verdienst ist. Wohl aber bedarf es einmal von meiner Seite eines äußeren Zeichens meiner dankbaren Gesinnung. Nur als ein solches Symbolum nehmen Sie diese Blätter auf, die ich hiermit in Ihre Hände lege. Sie werden verstehen, warum ich gerade dieses Büchlein Ihnen zueigne. Wissen Sie noch? Eine Ihrer ersten Arbeiten, die Sie mir bald nach meiner Einführung in das Marburger Lehramt brachten, war jener kleine Aufsatz aus der Allgemeinen Deutschen Biographie, in dem Sie das Leben und Schaffen des trefflichen Lexikographen Kaspar Stieler dargestellt haben. Hier empfangen Sie die notwendige Ergänzung dazu. Schilderten Sie uns den „Spaten", so bringe ich Ihnen hier den Frühen.

A. K.

Inhalt.

Gebrauchte Abkürzungen.

AR.	= J. Schwiegers Abeliche Rose, 1659.
Br.	= C. Brehmens Gedichte, 1637.
DG.	= G. Finckelthausens Deutsche Gesänge, o. J.
Fl.	= P. Flemings deutsche Gedichte, herausgegeben von Lappenberg.
FR.	= [J. Schwieger], Flüchtige Feldrosen, 1655.
GV.	= Die Geharnschte Venus, herausgegeben von Raehse.
K.	= Gedichte des Königsberger Dichterkreises, herausgegeben von Fischer.
Lgr.	= J. Schwiegers Liebesgrillen, 1654.
LL.	= G. F[inckelthaus], Lustige Lieder, 1648.
XXXTG.	= G. F[inckelthaus], XXX Teutsche Gesänge, 1642.
TSpr.	= [C. Stieler], Der Teutschen Sprache Stammbaum und Fortwachs, 1691.
WKF.	= R. Wasserhuns Kauff-Fenster, 1644.

Die Lyrik des siebzehnten Jahrhunderts, die welt=
liche vorab, ist nicht deshalb so arm, weil es ihr an
rührigen Talenten gefehlt hätte, sondern weil der
ganzen Zeit Eines abging: die Ehrfurcht vor der
Kunst. An äußeren, oberflächlichen Bezeugungen des
Interesse hat es ja freilich nicht gefehlt. Von seiten
des Publikums geschah manches. Sieht man die
Bilder der Zeit an, die uns gesellige Zustände
schildern, so gewahrt man, daß offenbar viel musi=
ziert, viel gesungen wurde, bei hoch und niedrig. Aber
Poesie und Tonkunst gewähren nur flüchtige ge=
sellige Unterhaltung; es sind satte Menschen, die da
ihre Lieder anstimmen. Sie wissen, daß zu jeder
rechten Taufe, Hochzeit und Trauerfestlichkeit ein
eignes Carmen bestellt wird; sie fordern aber auch,
daß, wo man recitiert und singt, zugleich ordentlich
geschmaust wird. Hält die Linke die Laute, so
schwingt die Rechte das Spitzglas. Und blickt man
hinüber zu den Dichtern, die für dieses Publikum

zu sorgen hatten, so thut sich nur die Kehrseite des
Bildes auf: die Kunst des Dichtens ist eine gesellige
Fertigkeit; so oft der Auftraggeber es wünscht, macht
der Poet ein Gedicht. Zu keiner früheren Zeit war
so viel gereimt worden wie im siebzehnten Jahr=
hundert. Kein Wunder, daß die Dichter sich sehr
schnell erschöpften, und daß Motive, Phrasen und
Reime unermüdlich wiederholt wurden.

Wir fragen uns erstaunt, ob denn die Menschen
dies ewige Einerlei nicht satt bekamen, ob sie gar
nicht merkten, daß sie sich beständig mit denselben
Gründen trösteten und über dieselben Scherze lachten.
Die Antwort darauf ist nicht leicht; wir haben keine
klare Vorstellung, in wie weite Kreise das Werk
eines einzelnen Dichters gedrungen ist, wie stark die
Auflagen seiner Gedichte waren und Ähnliches mehr.
Im großen Publikum wird man von der ermüden=
den Gleichförmigkeit der lyrischen Produktion kaum
eine Ahnung gehabt und jede neue Probe mit ähn=
licher Genugthuung aufgenommen haben wie heute
etwa ein frisches Polterabendgedicht oder ein Früh=
lingslied. Aber die Dichter geben uns ein psycho=
logisches Rätsel auf. Sie mußten doch wissen, wie
viel einer vom andern abschrieb. Und wenn sie trotz=
dem so dürftig fortwirtschafteten, so kann das seine

Erklärung nur in den besondren Anschauungen ihrer
Zeit finden. Das siebzehnte Jahrhundert betrachtete
das Versemachen an sich als verdienstlich; in der
verwahrlosten, eben erst wieder gesäuberten Haupt=
und Heldensprache zu dichten, das Ausland zu be=
schämen, mit Hellas und Rom zu wetteifern, das
war der allgemeine Ehrgeiz. Was verschlug es dabei,
ob das, was man vorbrachte, andre schon ebenso
gut und besser gesagt hatten. War doch der Respekt
vor dem geistigen Eigentum kaum jemals so tief
gesunken wie in den Jahren, da auch das materielle
Eigentum wenig sicher erschien. Zu einer Zeit, wo
ein Student das Diktat seines Lehrers einfach in
einer fremden Stadt als sein eignes Opus heraus=
gab, oder wo einer dem andern seine Gedichte stahl
und drucken ließ, da mochte es schon rühmenswert
sein, wenn nur die litterarische Entlehnung nicht gar
zu plump vor sich ging. Stellte sich die Nach=
ahmung oder Parodie gar als ein Akt der Huldigung
vor dem anerkannten Meister dar, so war gegen sie
nicht das mindeste mehr einzuwenden.

. Bei solcher Beschaffenheit der deutschen Lyrik des
siebzehnten Jahrhunderts war es geboten, sie einmal
summarisch zu betrachten, und zu zeigen, wie typische
Formen und Wendungen in die Mode kamen, sich

1*

überlebten und wieder der Vergessenheit verfielen.
Die Arbeiten von Max von Waldberg haben uns
nach dieser Richtung viele Förderung gebracht. Aber
so lehrreich solche Betrachtung ist, so dürfen wir
über den allgemeinen Merkmalen doch nicht die in=
dividuellen Erscheinungen vergessen. Hinter jeder
Sammlung von lyrischen Gedichten, sie mag noch
so dürftig sein, steht ja ein Mensch von Fleisch und
Blut, mit eignen Schicksalen, Freuden und Leiden.
Und den wahren Charakter einer Zeit, ihr Streben,
ihre Sehnsucht, ihre Bedürfnisse, ihr tägliches Treiben,
ihre Kunst, all ihre Vorzüge und Fehler lernt man
doch erst dann recht kennen, wenn es gelungen ist,
in das Seelenleben vieler Einzelmenschen wie in den
Busen eines Freundes tief hineinzuschauen. Gewiß
verdient es nicht ein jeder, daß man sich lange um
ihn bemüht; aber auch manchen, der es wert ist,
hat man noch nicht nach Gebühr gewürdigt. Das
Erkennen einer neuen Individualität aber, aus nahen
oder fernen Tagen, zumal aus Zeiten, die arm an
Individualitäten waren, dünkt mich stets ein Gewinn.

Diese Zeilen schicke ich voraus, damit man wisse,
was ich mit meiner kleinen Schrift bezwecke. Es ist
mir von jeher leid gewesen, daß der Dichter der
„Geharnschten Venus", einer der begabtesten Lyriker

seiner Zeit, namenlos herumlief, ober, was noch schlimmer war, daß man seine Lieder einem künst= lerisch ganz Unwürbigen zuschrieb. Aber natürlich kommt es mir nicht nur auf die Nennung des wirk= lichen Namens an; sondern ich suche einem künftigen Biographen Material zur Charakteristik des jugend= lichen Poeten und zugleich in Bruchstücken einen Com= mentar zur „Geharnischten Venus" zu geben.

I.

Im Jahre 1660 erschien in Hamburg die „Ge=
harnschte Venus", deren Verfasser sich hinter dem
Pseudonym „Filidor der Dorfferer" verbarg. Das
Buch erregte nicht viel Aufsehen; es erlebte nur eine
einzige Auflage, vielleicht deshalb, weil es in manchem
von der gewöhnlichen Dutzendware abwich. Erst
die Nachwelt hat dem Dichter eine größere Wert=
schätzung zuteil werden lassen und hat nach seinem
Namen gefragt. Kleine Kontroversen tauchten dabei
auf; schließlich aber einigte man sich mit Berufung
auf eine Notiz bei Moller dahin, dem niederdeutschen
Poeten Jacob Schwieger die Sammlung zuzuschreiben.
Und als Theobald Raehse 1888 einen längst ge=
wünschten Neudruck veranstaltete, setzte er ohne
weiteres auf den Titel: Jacob Schwieger, Ge=
harnschte Venus, 1660. Dabei blieb es kurze Zeit;
in Aufsätzen[1] und Wörterbüchern galt Schwieger als

---

[1] F. A. Mayer, Horaz in Jacob Schwiegers „Ge=
harnschte Venus", Seufferts Vierteljahrschrift 2, 470 f. —

der rechtmäßige Autor. Nur Reifferscheid hat in der Allg. deutschen Biogr. 33, 446 entschiedene Zweifel erhoben, ohne aber den wahren Verfasser auch nur zu vermuten.

In der That, es ist klar zu erkennen, daß man an Jacob Schwieger gar nicht denken darf. Und wenn ich der Widerlegung des alten Irrtums hier das ganze erste Kapitel widme, so geschieht es nicht so sehr, um Schwieger zu beseitigen, als um im zweiten und dritten Unterabschnitt einiges zur Charak=teristik des wahren Dichters beizubringen.

1.

Jacob Schwieger ist wahrscheinlich im Jahre 1646 zur Universität gegangen[1] und hat 1654 seine ersten Gedichte herausgegeben. Er kann schon deshalb nicht mit Filidor dem Dorfferer identisch sein, der 1660 die Geharnschte Venus als Erstlingswerk ver=öffentlichte. Dazu kommt, worauf schon Reifferscheid hingewiesen hat, daß es Schwiegers Art nicht ist,

---

A. Puls, Römische Vorbilder für Schwiegers „Geharnschte Venus", ebenda 3, 236—251.

[1] Nicht erst 1650, wie meistens zu lesen ist. Ich be=sitze ein Exemplar von Johann Rists Poetischem Schauplatz 1646, in das sich als erster Eigentümer handschriftlich ein=getragen hat: Jacobus Schwieger. S. S. Theol. Studiosus. A⁰. 1646.

eins seiner Werke anonym zu lassen; immer nennt
er sich sorgsam auf dem Titel oder ist als der
Schäfer Siegreich zu erkennen. Für einen genaueren
Vergleich mit Filidor kommen drei Sammlungen in
Betracht:

1655: Des Flüchtigen Flüchtige Feld=Rosen (von
mir citiert als FR.).

1656: Die vermehrte Ausgabe der Liebes=Grillen
(citiert als Lgr.).

1659: Die Adeliche Rose (citiert als AR.).

Mitten in diese Reihe müßte die Geharnschte
Venus (citiert als GV.) fallen; denn die Vorreden
beweisen, daß das Manuskript bereits 1657 fertig
war, aber erst 1660 gedruckt wurde.

Gleich da taucht ein Bedenken auf. Welchen
Grund sollte Schwieger, der ruhig auf der Scholle
saß, gehabt haben, das fertige Manuskript so lange
zurückzuhalten? Welches Hindernis sollte den Druck
verzögert haben? Schwieger ist immer sehr besorgt
gewesen, daß seine Reimereien schnell ans Licht
kamen, und daß kein Bösewicht sie ihm wegschnappte.
Es ist zudem psychologisch unmöglich, daß der Hol=
steinische Geistliche, der stets bedacht war, auf das
zartere Geschlecht zu wirken, der 1655 seine Feld=
rosen fünf Leipziger Schwestern zueignete und 1659

die Verlachte Venus „denen Hoch= Ehr= und Tugend=
edelen Glücksburginnen" widmete, — daß dieser
tugendselige Mann plötzlich 1660 mit einer ge=
pfefferten Gabe erschienen sei, mit der er drei Jahre
hinter dem Berge gehalten.

Und sieht man nun gar auf die Behandlung im
einzelnen, so bleibt gar keine Übereinstimmung
zwischen Schwieger und Filibor. Beide berühren
sich bisweilen stofflich: Das Motiv von dem Alten,
der eine Junge freit, ein Loblied auf die Nacht,
eine Beschreibung der Geliebten, ein Gesang an
Venus über Amors Macht und ähnliches findet
sich bei beiden. Aber die Unterschiede sind hand=
greiflich. Schwieger hat gar keine echte Sinnlichkeit;
selbst in den lüsternen Zumutungen an die Geliebte,
wo er sich so recht leicht und keck geben möchte, ist
er unglaublich täppisch. Bei ihm blickt überall der
Theologe durch; er will moralische Wirkungen aus=
üben, abschrecken, warnen. In den Feldrosen läßt
er zwei Nymphen ein ganz dogmatisches Tauflied
singen; selbst in Liebesliedern stehen Wendungen wie

Wol dem der sein Kreutz nimt an
Und gedültig tragen kan.

Ein Freund wird angesungen als Schäfer
Damon; aber da er im bürgerlichen Leben stud.

theol. ift, fo fällt Schwieger aus der Rolle und
wünſcht:

> Damon muß noch lange Jahr
> Leben, auch mit feinen Lehren
> Dihles Volk zu Gott bekehren.

Auch der ſchönen Treugarde werden erſt allerlei
Komplimente gemacht und dann die ewige Seligkeit
gewünſcht. So wechſeln in verdrießlichſter Weiſe
Tändelei und Salbung. Von alledem ift nichts bei
Filidor zu ſpüren. Der läßt den Herrgott aus dem
Spiel. Er ift oft von Herzen unanftändig, aber
man kann ihm nicht allzu böſe ſein. Ein warm-
blütiger Geſell ift er eben, der gleiche Brüder lachen
machen will.

Der Unterſchied beider Dichter wird immer
klarer, wenn man nun erft die ſprachliche Form
ihrer Lieder ins Auge faßt. Ich darf hier freilich
nicht zuviel aus ſpäteren Abſchnitten vorwegnehmen,
möchte auch ein paar prinzipielle Bemerkungen lieber
für das zweite Kapitel aufſparen; aber einige Beobachtungen über den Wortſchatz beider Dichter zeigen
ſchon die Unterſchiede.

Sehr charakteriſtiſch ſind für Schwieger die immer
wiederkehrenden Anreden an die Geliebte oder Be-
zeichnungen für die Schöne:

Mein Aufenthalt (FR. 3mal, Lgr. 5mal, AR. 3mal).

Freundin (FR. einmal, AR. 2mal).

Licht (Lgr. 4mal, AR. 17mal).

Seele, Seelchen (FR. 3mal, Lgr. 5mal, AR. 11mal).

Bild (FR. 7mal, Lgr. 16mal, AR. 5mal).

Rubin (FR. 2mal, Lgr. 1mal, AR. 3mal).

Täubelein (FR. 2mal, Lgr. 6mal, AR. 5mal).

Riß, Riß der Tugend u.. dgl. (FR. 4mal, Lgr. 5mal, AR. 1mal).

Geehrte (Lgr. 1mal, AR. 5mal).

Lamm (AR. 5mal, sogar einmal „geehrtes Lamm").

Man sieht an den Zahlen, wie diese Manier bei Schwieger zunimmt; bei Filidor ist dergleichen ganz ungebräuchlich. Das Wort „Bild" für die Ge= liebte kommt ein einziges Mal vor, und auch da mit dem Zusatz „Bild der Trefflichkeiten" (GV. VI 6, 3). Ja, selbst wo auf den ersten Blick die Praxis gleich ist, zeigen sich doch Unterschiede. Überall ist im 17. Jahrhundert die Bezeichnung „Kind" für die Geliebte zu finden; Schwieger wendet das Wort FR. 8mal, Lgr. 12mal, AR. 15mal an. Bei Filidor ist der Gebrauch viel umfassender. Nicht nur die

Geliebte (GV. III 9, 1; V 8, 5; VI 3, 2 u. ö.)[1], sonbern jebes vertraute Wesen, bie hülfreiche Magb (IV 4, 3), vor allem ber Dichter selbst als Liebenber erhält biese Bezeichnung:

GV. II 6, 1: Das heißt mit falschen Eybes-schwüren
  ein allzu gläubig Kinb verführen.
II 7, 6: Wär' ich wie bu ein falsches Kinb.
VI 9, 8: bleib geneiget beinem Kinbe!

Es giebt sobann eine ganze Menge Wörter unb Wenbungen, bie Schwieger offenbar liebt unb bie Filibor ganz fremb sinb:

Menschgöttin (AR. 4mal).

Wangenfelb (Lgr. 1mal, AR. 4mal).

Mein Herzen Abelmußt (AR. 3mal).

Die Verstärkung bes „bennoch" burch „boch", also „boch bennoch" (FR. 1mal, Lgr. 2mal, AR. 2mal).

Von Flanbern (=flatterhaft) sein (Lgr. 1mal, AR. 2mal, auch 2mal „flanbrisch").

Eigentümlich sinb besonbers bie Wenbungen mit „mehr als", bie stetig zunehmen:

---

[1] Die „Geharnschte Venus" wirb nach Büchern, Liebern unb Strophen citiert; III 9, 1 bebeutet also: Drittes Zehen, neuntes Lieb, erste Strophe.

FR. so ist mir mehr als wol.

Lgr. bie ·mehr als gülbne Kron'.

Denn ber Augen Bliß unb Schein
können mehr als kräftig sein.

AR. Deine mehr als Lilien Wangen.

Deine mehr als Zukker Wangen.

O mehr als Hellen gleiche Plagen.

Den mehr als gülbnen Schmuck..

An bie mehr als Rosen-schöne Abelmuht.

Auch ber Deminutiva ist in Kürze zu gebenken.
Schon Fleming wenbet sie nicht gerabe sparsam an;
bann nimmt ber Gebrauch sowohl bei Poeten ber
Zesenschen Richtung, wie bei ben Nürnbergern außer-
orbentlich zu. Unb auch Schwieger macht bie Mobe
mit; seine Gebichte erhalten baburch eine Süßlichkeit,
bie Filibors Liebern ganz fremb ist. Eine Zusammen-
stellung kann wieber bie stetige Zunahme zeigen:
Tröpselein, Herzelein, Zweigelein (sämtlich FR. 1mal),
Wünschelein (FR. 2mal, Lgr. 2mal), Liebelein (FR.
4mal, Lgr. 1mal), Äugelein (FR. 1mal, Lgr. 2mal),
Liebelein (FR. 2mal, Lgr. 2mal), Kinbelein (FR.
1mal, AR. 2mal), Kränzelein (FR. 1mal, AR. 1mal),
Schäfelein (FR. 3mal, Lgr. 4mal, AR. 2mal),
Täubelein (FR. 2mal, Lgr. 6mal, AR. 6mal),
Häuselein, Fünkelein, Blümelein, Pärelein, Vögelein,

Fensterlein, Hündelein (sämtlich Lgr. 1mal), Seufzer=
lein (Lgr. 2mal), Kämmerlein (Lgr. 1mal, AR. 1mal),
Küsselein (Lgr. 5mal, AR. 1mal), Mündelein
(Lgr. 3mal, AR. 1mal); Gräblein, Büchelein,
Bettelein, Mägdelein, Zeltlein, Thierlein (AR. je
1mal), Körbelein (AR. 5mal), Röselein (AR. 10mal).
Derartige Aufzählungen könnten noch weiter die
Vorstellung von dem Charakter Schwiegerscher
Poesien vervollständigen und die Verschiedenheit
ihres Autors von Filidor dem Dorfferer erhärten.
Aber es bedarf dessen gar nicht mehr. Nur nach
zwei Richtungen wollen wir im folgenden den Beweis
noch fortsetzen, auf Wegen, wo uns zugleich die
künstlerische Eigenart Filidors deutlicher wird.

2.

Es ist auffällig, wie sehr die beiden Dichter in
ihrem rhythmischen Gefühl voneinander abweichen.
Schon aus diesem einzigen Grunde ist an eine
Identität beider Personen gar nicht zu denken.
Schwieger ist ein ganz armseliger Kleber; Filidor
dagegen, dessen Talent ich weit entfernt bin zu
überschätzen, zeigt ein sicheres musikalisches Gefühl.
Um das zu beweisen, ist allerdings zweierlei
vonnöten. Zunächst ist bei Filidor eine Anzahl

Gedichte auszuscheiden, bei denen er sich nicht in völliger Schaffensfreiheit befunden hat, sondern die nur untergelegte Texte zu vorhandenen, noch dazu ausländischen Melodien, französischen Arien und Ballets, sind. Es sind die Lieder GV. III 8; IV 4 und 9; VI 1 bis 4; VII 2 und 8. Sodann aber gilt es überhaupt erst einmal einen Maßstab zu gewinnen, an dem man das rhythmische Gefühl bei Dichtern des 17. Jahrhunderts abschätzen kann.

Es ließe sich ein sehr lehrreiches Kapitel aus der Geschichte unsrer Metrik schreiben, wenn man einmal untersuchte, wie sich in verschiedenen Zeiten die Theorie zur Praxis verhalten hat. Dabei würde man entdecken, daß gute Dichter meistens von ihrem unbeirrten Gefühl besser geleitet worden sind als von dem Regelcodex, und daß schlechte Theorien nur schlechten Dichtern wirklich haben schaden können. Mannigfache Kontroversen würden beseitigt werden, wenn man sich öfter gegenwärtig hielte, daß eine falsche metrische Theorie und eine urgesunde dichterische Praxis einträchtiglich nebeneinander in einem Individuum wohnen können.

Hier ist nun nicht der Ort, dies Thema weiter zu verfolgen. Aber an einem charakteristischen Beispiel kann ich das Verhältnis von Theorie und Praxis für das 17. Jahrhundert erläutern. Die Zeit hatte von dem Wesen des Rhythmus, des Verses, der Strophe gar keine Ahnung. Daß eine Strophe ein einheitlicher Zusammenhang von der ersten bis zur letzten Silbe ist, ein Organismus, dem man nichts wegnehmen oder anstückeln darf, ohne sein Innerstes zu verändern, davon gab niemand sich Rechenschaft. Man klebte so und so viele Verse zusammen, dann war die Strophe fertig. So hatte es Schottel ge=lehrt, um nur den Bedeutendsten zu nennen; und es fragte sich nun, ob sich die poetische Praxis bei solcher Weisheit beruhigen wollte. Um es kurz zu sagen: äußerlich hat sie's gethan, innerlich aber hat sich glücklicherweise doch mancher Poet davon eman=cipiert. Ein Beispiel: 1645 war Schottels Teutsche Vers= oder Reimkunst erschienen, und schon ein Jahr später trat Johann Rist mit seinem „Schauplatz" auf, worin er die sämtlichen papiernen Experimente mitmacht, mit denen der Theoretiker ihn verblüfft hatte. So steht z. B. im „Schauplatz" S. 35 ein Frühlingslied mit folgender erster Strophe:

> Nun sich Himmel und Erb' erfreut
> In der lieblichen Frülings=Zeit,
> Nun die Vögelein stimmen ann,
> Das die Menschen ergetzen kann.

Jedermann wird zugeben, daß das ein leichtes,
gefälliges Versmaß ist, schmucklose Viertakter, ohne
Auftakt; jede rhythmische Reihe hat im zweiten Takt
eine zweisilbige Senkung und statt der letzten Sen=
kungssilbe eine Pause. So hat auch offenbar Rist
die Verse im Gefühl gehabt, sonst wären sie ihm
nicht so glatt und wohlklingend gelungen. Theoretisch
aber faßte er sie ganz anders auf. Über dem Gedicht
steht nämlich aus Schottels Lehrbuch der Terminus
„In gegentretender Reim=Art“. Was Schottel damit
gemeint hat, ist in Kürze dies: er zeichnete sich den
Vers, wie er's gewohnt war, mit Häkchen und
Strichen aufs Papier und gewann das Bild:

— ⌣ — ⌣ ⌣ — ⌣ —

Diese Reihe teilte er nun aber nicht so ab, wie
es ihre innere Logik verlangte, sondern rein will=
kürlich genau in der Mitte, so daß also daraus
wurde:

— ⌣ — ⌣ | ⌣ — ⌣ —

Und nun erhielt sein Auge, niemals aber sein
Ohr den Eindruck, daß ja die beiden Trochäen am
Anfang die Umkehrung, den Gegentritt der beiden
Jamben am Schluß bildeten; und die „gegentretende
Reimart“ war fertig. Das ist so eine Probe der
kunstmörderischen Theorie des 17. Jahrhunderts;

unb, wie man sieht, beugten sich ihr auch solche
Dichter, die es aus sich selbst hätten besser wissen
können. Wenn nun das am grünen Holze geschah,
was sollte erst am dürren sich ereignen. Sieht man
sich die beiden Dichter, die uns in diesem Kapitel
beschäftigen, auf ihre Verskunst hin an, so gewahrt
man deutlich, daß sie beide dieselben Lehren empfangen haben. Aber Schwieger ist der schlechten
Theorie erlegen, während bei Filibor meistens das
bessere Gefühl Sieger blieb.

Es ist traurig zu sehen, wie verständnislos
Jacob Schwieger lange unb kurze Verszeilen an-
einanderreiht, die bann natürlich nie etwas Ganzes
bilden können. Um mich nicht zu lange aufzuhalten,
setze ich zwei Proben her. Kann man sich etwas
Unrhythmischeres denken als diese „Strophen"?

Lgr. I 13: Noch hatte keine Schäfferinn
　　　　　Mein Hertz besessen;
　　　　Du aber nahmst dasselbe hinn;
　　　　　Doch unvergessen
　　　　Meiner Freyheit, Lust unb Freude
　　　　Meiner Schaaff auff jener Weide
　　　　　Ich warb verliebt
　　　　　Unb sehr betrübt.

Lgr. II 23: Mein edles grühn
　　　　　Muß ich abzihn,
　　　　Damit ich pflag zu prangen,
　　　　Laß ich hangen.

Das zuvor war meine Zihr
Ist fern von mihr.
Was war fern ist iho nah
Ach! das macht Ottilia. Echo: Ja!

Derartige papierne Versreihen konnten natür=
lich dem Poeten selbst · gar nicht ins Gefühl über=
gehen. Daher kommt es, daß Lgr. I 24 mitten
im Gedicht sich die Strophen verändern und die
letzten gar nicht mehr zu der darübergesetzten Melodie
passen. Sieht man nun gar hin, wie Schwieger
die Worte in seine Prokrustesbetten hineinzwängt,
dann muß man jede höhere Forderung drangeben;
von Satzmelodie, von Kongruenz zwischen dem
syntaktischen und rhythmischen Bau der Strophe ist
keine Rede.

Da steht Filibor der Dorfferer doch wesentlich
höher. Freilich begegnen uns auch bei ihm Gedichte,
die in formaler Hinsicht stark vernachlässigt sind,
z. B. IV 2. Auch zollt er seiner Zeit und ihren
Doktrinen seinen Tribut und klebt gelegentlich —
aber doch nur in Ausnahmen — ein paar Strophen
zusammen, denen man die künstliche Mache anmerkt:
II 10; V 2; VI 5. Auch ist er nicht immer streng
darin, die einzelnen Strophen voneinander zu
trennen (I 4, 1 + 2, 2 + 3; II 2, 14 + 15; IV 2,
4 + 5; V 5, 2 + 3 + 4; VII 5, 4 + 5) oder

innerhalb der Strophen den Aufgesang vom Ab=
gesang (I 5, 1; I 8, 4; I 9, 6; III 1, 2; III 9, 5;
IV 1, 2; V 5, 5; V 8, 4; VII 3, 3; VII 4, 2).

Solchen Ausnahmen gegenüber bleibt aber die
Regel bestehen, daß Filibor die meisten seiner
Strophenformen frei und leicht handhabt, daß er
sich durchaus nicht etwa mühsam an einem aufge=
zeichneten Schema vorwärts arbeitet, sondern daß
der Rhythmus wirklich in seinem Gefühl Leben ge=
wonnen hat. Die Analyse von drei Strophen mag
es beweisen.

I 6:

> Die ernstliche Strenge steht endlich verfüsset,
> die qweelende Seele wird einsten gesund.
> Ich habe gewonnen, ich werde geküsset,
> es schallet und knallet ihr zärtlicher Mund.
> Die Dornen entweichen,
> die Lippen verbleichen,
> indehm sie die ihren den meinen auffbrüllt.
> Ich werd' auß der Erde zun Göttern verschillt.

Das wäre, Schottelisch ausgedrückt, eine Strophe,
die aus acht Versen zusammengesetzt ist. So empfindet
aber das Ohr sie nicht. Dem gilt sie vielmehr als
ein sehr organischer Aufbau von sieben rhythmischen
Reihen, deren einzelne Takte in ihrer Mehrzahl

Dreivierteltakte, d. h. echte deutsche Daktylen[1] sind. Das Gefüge ordnet sich so:

So hat Filibor, vielleicht ohne sich dessen bewußt zu sein, und nur vom Gefühl geleitet, die Strophe wirklich aufgefaßt, wie aus dem syntaktischen Bau klar wird. Daß in sämtlichen Strophen des Ge=dichts nicht nur Auf= und Abgesang, sondern inner=

---

[1] Was ich unter echten deutschen Daktylen im Gegen=satz zu den unechten begreife, kann ich vielleicht demnächst an andrer Stelle kurz auseinandersetzen. — Im Strophen=schema brauche ich die Abkürzungen: V. = Vorbersatz, N. = Nachsatz, Per. = Periode, Aufg. = Aufgesang, Abg. = Abgesang.

halb des Aufgesangs auch die beiden Perioden durch starke Sinnesabschnitte gegeneinander abgegrenzt sind, ist noch nichts Erhebliches. Aber ein Zeichen tieferen rhythmischen Gefühls ist es, wenn der Dichter trotz des Papierschemas den Abgesang nicht als Komplex von vier Versen, sondern von drei rhythmischen Reihen aufgefaßt hat. Stets hat er die letzte Reihe, die eine bloße rhythmische Repetition des Nachsatzes ist, syntaktisch so stark isoliert, daß man sie in jeder Strophe, ohne den Satzbau im geringsten zu beschädigen, einfach weglassen kann. Und anderseits hat er durchgängig die Verszeilen 5 bis 7, d. h. die fünfte und sechste rhythmische Reihe, syntaktisch so eng verbunden, daß die rhyth-mische Einheit von Vorder= und Nachsatz klar her-vortritt.

III 3:

Die Nacht,
die sonst den Buhlern fügt und süsse Hoffnung macht,
Die Ruh,
die einem Liebenden sagt alle Wollust zu,
bringt mir nur lauter Schmerzen
und raubet mir das Licht,
das meinem trüben Herzen
des Trostes Straal verspricht.

Betrachtet man die Verszeilen nur mit dem Auge, so sieht es aus, als hätte Filidor die Strophe

in ihrer erſten Hälfte ſo entſtehen laſſen, daß er
zweimal einen Eintakter mit einem Alexandriner
zuſammenkoppelte. Und recht wohl mag er, gewöhnt
an die Theorien ſeiner Zeit, den Aufgeſang wirklich
ſo beurteilt haben. In Wahrheit iſt aber dies häß=
liche Misverhältnis von Vorder= und Nachſatz nur
für das Auge da und um der Reime willen feſt=
gehalten. Dagegen beweiſt die beigefügte Melodie
(die, wie ſpäter zu beweiſen iſt, von dem Verfaſſer
ſelbſt herrührt), daß das Ohr des rhythmiſch
empfindenden Dichters die Eingangsperiode ganz
organiſch ſo auffaßte:

Aus zwei ſolchen Perioden bildete ſich ihm logiſch
der Aufgeſang ſeiner Strophe, ſo daß wir nun das
ganze Gebilde, unbekümmert um die Abgrenzung
der Druckzeilen, ſo zu analyſieren haben:

1. Per.; V. u. N.
treffen bei der
punktierten Linie
zuſammen.

2. Per., wie
die erſte.

Aufg.

V.
N. } 1. Per.

V.
N. } 2. Per.

Abg.
(= Strophe III 2.)

V 4:

> Du blaſſer Mohn,
> weiſtu auch was darvon,
>   daß ich hie unten klage?
> Du ſilber- heer,
> ſchauſtu auch auff mein Meer
>   der Trähnen-Plage?

Hier zeigt ſich das rhythmiſch=muſikaliſche Gefühl des Dichters beſonders gut. Das Versmaß, ſo konſtruiert es ausſieht, iſt doch ſehr organiſch, ſehr charakteriſtiſch, und, was im 17. Jahrhundert noch gar nicht ſo häufig iſt, dem Inhalt des Liedes vortrefflich angepaßt. Geht man die ſämtlichen acht Strophen durch, ſo hört man, daß ſie alle die=ſelbe wogende Satzmelodie haben. Und dann erſt wird es klar, wie für Filidor die Strophe geklungen hat. Er hat ſie nicht, durch ſein Auge verleitet, als ſechsreihig, ſondern ganz richtig als vierreihig aufgefaßt:

5 taktiger V.
mit Binnenreim.

3 taktiger N.

1. Per.

5 taktiger V.
mit Binnenreim.

2 taktiger N.

2. Per.,
Verkürzung
der ersten.

Derartige Beobachtungen ſind bei Schwieger nie zu machen. Aber man braucht gar nicht ſolche innere Unterſchiede aufzuſuchen, ſchon in den ge= wöhnlichſten Äußerlichkeiten weichen beide Dichter voneinander ab. Schwieger liebt noch ſehr den Alexandriner. Nicht nur, daß er unſtrophiſche Partien in dieſem Versmaß dichtet; nicht nur, daß er in ſeine Strophen einzelne Alexandriner ein= miſcht; er dichtet ganze Lieder in Alexandriner= ſtrophen. Allein in den „Liebesgrillen“ finden ſich ſechs Beiſpiele. Das iſt bei Filidor nahezu ausge= ſchloſſen; das einzige Alexandrinergedicht (GV. VII 2) iſt durch eine franzöſiſche Sarabanden=Melodie ver= anlaßt.

Auch in der Anwendung trochäischer Maße
herrscht Verschiedenheit. Unsre Sprache hat über=
wiegend jambischen Tonfall; es stellt daher dem
rhythmischen Gefühl eines Dichters kein besonders
günstiges Zeugnis aus, wenn er trochäische Maße
allzu sehr bevorzugt.[1] Bei Filidor ist denn auch
der Procentsatz rein trochäischer Gedichte nicht groß;
unter 70 Liedern finden sich 13 (I 5; II 2; IV 1;
IV 2; IV 7; V 5; V 10; VI 6; VI 8; VI 9;
VII 5; VII 6; VII 8), das Verhältnis ist noch
nicht 1 : 5. Bei Jacob Schwieger dagegen steigt es
auf 1 : 2. Die Feldrosen enthalten unter 31 Gedichten
15 trochäische; die Liebesgrillen 47 unter 100; die
Abeliche Rose 15 unter 30.

Wendet man nun gar auf die Reime den Blick,
dann könnte man, falls es sich überhaupt lohnte,
ein übergroßes Material zusammenbringen. Filidor
ist ein gewandter, gelegentlich allzu kühner Reimer,
sicherlich ein Mann, der lebendiges Gefühl und
Interesse für die Sprache hat. Von seinen Neu=
bildungen ist später noch zu reden. Schwieger da=
gegen hat gar keine Sprachkraft. Von der Armut
seiner Reime, der ewig öden Wiederholung derselben

---

[1] Über dieses Thema wird voraussichtlich einer meiner
Hörer in absehbarer Zeit Beobachtungen vorlegen können.

Wörter kann folgende Zusammenstellung eine Probe geben. Unter den ungezählten Reimen auf „—ein“ finden sich allein die Deminutiva auf „lein“ in den FR. 12mal, Lgr. 25mal, AR. 20mal; dazu „Schein“: FR. 5mal, Lgr. 28mal, AR. 14mal; und endlich gar „Pein“: FR. 18mal, Lgr. 55mal, AR. 23mal. Das Wort „Zier“ findet sich im Reim nicht weniger als FR. 21mal, Lgr. 58mal, AR. 11mal. Für manche Reimpaare gewinnt Schwieger erst nach und nach Vorliebe: „Jugend:Tugend“ kommt in den FR. noch gar nicht vor, in den Lgr. bei 100 Ge= dichten 8mal, in der AR. bei 30 Gedichten 14mal. Und dieser Tugenddichter sollte ein Jahr später die Geharnschte Venus herausgegeben haben?

3.

Wir wollen noch aus einem dritten Gesichts= punkt die beiden Nebenbuhler vergleichend betrachten und dadurch der Persönlichkeit des wahren Dichters wieder ein Stück näher rücken. Die künstlerische Gruppierung des Stoffes, sowohl im einzelnen Gedicht als in der ganzen Sammlung,. gilt es zu prüfen. Auch dabei macht Schwieger schlechte Figur. Wie in seiner Prosa, z. B. der „Verlachten Venus“, ist auch in seinen Gedichten gar keine Disposition

zu entdecken. Von Strophe zu Strophe findet kein
Fortschritt statt; der Dichter bleibt auf einem Flecke
stehen und variiert meist gedankenlos das, was er
in der ersten Strophe gesagt hat. Nicht einmal
den Notbehelf, der in zahlreichen Fällen besonders
den Königsberger Dichtern so bequem war, kennt
er: nämlich in der ersten Strophe ein Thema, eine
These aufzustellen und diese nun im folgenden durch
lange Reihen von Beweisgründen und Beispielen
zu bekräftigen.

Hier war es wirklich nicht gefährlich, mit
Jacob Schwieger zu wetteifern; und Filidor hat
denn auch mit Leichtigkeit den Sieg davongetragen.
Ich greife ein paar Beispiele heraus, um zu zeigen,
wie einfach und resolut er seine Gedichte disponiert.
Absichtlich wähle ich nicht seine besten Lieder, also
nicht etwa III 5, III 10 u. a., sondern halte mich an
Durchschnittsleistungen; mir liegt daran, jeder Über-
schätzung vorzubeugen, das Wort „genial" z. B., das
man gebraucht hat, kommt ihm als Lyriker nicht zu.

Wie klar entwickelt sich das Gedicht II 5. Von
vier Strophen schildert die erste die Situation: die
einst so stolze Dellmane ist jetzt gebemütigt. Dann
aber wird in raschem Überblick je eine Strophe der
Vergangenheit, der Gegenwart und der Zukunft

gewidmet. Str. 2: Früher hab ich sie demütig verehrt
und sie mich verachtet; Str. 3: War ich zu gering,
so ist jetzt die Strafe da; Str. 4: Ich werde dereinst brav
und auskömmlich leben, du wirst die Gaffen kehren.
Oder III 3. Zwei Strophen kontrastieren Nacht
und Tag; Str. 1: die Nacht bringt mir nur
Schmerzen; Str. 2: der Tag erlaubt mir die Ge=
liebte zu sehen. Ganz symmetrisch, also in um=
gekehrter Anordnung entspricht diesem ersten Strophen=
paar das zweite; Str. 3: Vom Morgen bis zum
Abend küßt mich Rosille; Str. 4: Sobald aber die
Sonne dem Monde weicht, entzieht sie sich mir.
Die fünfte Strophe fügt die Conclusio an: Drum
Heil dem Tage, Fluch der Nacht. Das Gedicht IV 1
ist in der Anordnung nahe verwandt.

Noch strenger durchgeführt ist der Parallelismus in
V 7, wo vier Strophen den Tartarus malen, der die
Verächter der Liebe aufnimmt, vier Strophen das
künftige Elysium der Liebenden nach Tibull schildern.

Die Beispiele lassen sich beliebig vermehren;
dabei ist aber zu beachten, daß diese für das
17. Jahrhundert ansehnliche Architektonik der Ge=
dichte nur das Resultat gesunden Gefühls ist. Wäre
Berechnung mit im Spiel, so würde Filidor z. B.
III 4 wahrscheinlich die dritte Strophe weggelassen

unb baburch bem Gebicht einen noch ftrengeren
Aufbau von breimal brei Strophen gegeben haben.

Erkannten wir nun bisher fchon in Filibor
einen Mann von nicht gewöhnlichem künftlerifchen
Takt, fo wächft ber Refpekt, wenn wir bie An=
orbnung feiner Gebichte ins Auge faffen, bie boch
nicht fo unbewußt entftanben fein kann wie vielleicht
ber Bau eines einzelnen Liebes. Natürlich barf
man keine unbilligen Anforberungen ftellen; Rück=
fichten, wie fie etwa Goethe bei ber Anorbnung
feiner Gebichte gelten ließ, hat bas 17. Jahrhunbert
nicht gekannt. In jener Zeit begnügten fich bie
Dichter meiftens bamit, ihre Werke ftofflich zu
gruppieren, geiftliche unb weltliche Lieber von=
einanber zu trennen, Hochzeits= unb Leichencarmina
abzufonbern unb vielleicht, wie es Opitz gelehrt
hatte, nach Stänben zu orbnen. Innerhalb ber ein=
zelnen Abteilungen aber fah es, felbft bei begabten
Dichtern, oft recht bunt aus. Unb fchließlich gab
es auch zahlreiche Poeten, bie wie Johann Rift
burch Mannigfaltigkeit ergötzen wollten unb beshalb
in einer Lieberfammlung alle Gattungen burch=
einanberwarfen.

Jacob Schwieger fteht auch hier unter bem
Durchfchnitt. Die Vergleichung zwifchen ihm unb

Filibor ist in bem Punkt ber Anordnung ihrer Sammlungen besonders bequem, weil wir auch von Schwieger Liebeslieber besitzen, die wie in ber „Geharnschten Venus" in Gruppen von je zehn abgeteilt sind: bie Abeliche Rose 1659. Hier hatte es Schwieger leicht genug, klar zu disponieren. Er war burch keine Rücksicht auf wirkliche Erlebnisse gebunden, sondern hat bas Verhältnis bes Schäfers Siegreich zu ber stolzen Abelmuht frei, aber dürftig genug erfunden unb ihm brei Bücher gewibmet. Das erste handelt von Siegreichs Werbung, im zweiten wendet die Schöne ihm ihre Gunst zu, im britten sagt sie sich wankelsinnig unb stolz wieber von ihm los. Soweit ist allerbings Klarheit vor= hanben. Die weitere Forberung aber, nun auch innerhalb ber einzelnen Bücher Fortschritt unb Logik herrschen zu lassen, hat der Verfasser kaum an sich gestellt. Im britten Buch kann man so etwas wie Entwicklung entbecken; in ben beiben ersten aber sieht es gerabe so verworren aus wie in Schwiegers übrigen Gebichtsammlungen.

Ganz anders Filibor. Nachbem er in ben ein= leitenben Liebern bes ersten Zehen breifach bas Anakreontische Θέλω λέγειν 'Ατρείδας variirt hat, besingt er offenbar aus eignen Erlebnissen heraus

sein Mädchen, meist unter dem Namen Rosille
(Rosilis), seltener als Dorinde. Die Anordnung
der Lieder spiegelt eine Entwicklung des Liebes=
verhältnisses wieder: Nr. 4, das Geplauder einer
Schäferstunde, handelt von dem ersten Anbeginn
ihrer Liebe; Nr. 5 mahnt die zurückhaltende Schöne
in konventioneller Weise, die Zeit der Jugend zu
benutzen; Nr. 6 strömt über von Jubel, denn die
Geliebte ist gewonnen; in Nr. 7 lehnt der Dichter
eine Einladung ab, weil jetzt sein Mädchen ihn
ganz fesselt; Nr. 8 klagt, daß Dorinde doch nicht
alle kühnen Wünsche ihres Liebhabers erfülle; Nr. 9
spricht von der Treue des Jünglings bis ans Grab,
Nr. 10 von der Treue des Mädchens auch über den
Tod des Geliebten hinaus.

Dann wird als Intermezzo das zweite Zehen
eingeschoben, das wieder eine Einheit für sich bildet.
Es umfaßt wohl die Lieder, von denen der Dichter in
der Vorrede sagt, daß sie verliebte Gedanken und kurz=
weilige Begebnisse seiner Freunde enthielten. Schelt=
lieder sind es auf stolze, kokette, dumme oder leicht=
sinnige Mädchen, kecke Händel mit Zeitliebchen, die
dem Dienst der Venus Vulgivaga nicht fernstehen.

Das dritte Zehen knüpft aber wieder an das
erste an und enthält die schönsten Lieder der ganzen

Sammlung, Liebesklagen voll Wahrheit und Tiefe. Auch hier hat in der Anordnung nicht der Zufall gewaltet, sondern die Reihenfolge der Gedichte entspricht dem Fortgang des Liebesverhältnisses. Man muß allerdings bei der Deutung vorsichtig sein. Scheinbar nämlich besingt Filidor verschiedene Mädchen. Aber er selbst hat gesagt, daß hinter den wechselnden Namen immer dieselbe Geliebte sich verberge:

IV 8, 1: Verzeih' mir, daß von Rosilis,
　　　　und Mel' ich, Buschgen, hier was schreibe:
　　　　so lang' ich Filidor verbleibe,
　　　　bleibt meine Treu auch dir gewiß.
　　　　Was hier von einer ist gedichtet,
　　　　hab' ich auff brey auß Schein gerichtet.

Ja, er fügt IV 8, 5 hinzu, daß auch unter dem Namen Dorinde immer nur das eine Mädchen gemeint sei. Bei dieser ausdrücklichen Versicherung dürfen wir also die Lieder an Rosilis (Rosille), Mele (Melinde), Dorinde und Buschgen zu einer Einheit zusammenfassen. Und es fragt sich nur, ob der Dichter gelegentlich nicht auch noch andre Namen gewählt habe. Ungern nämlich scheide ich aus dem Liebesroman das am tiefsten empfundene, an Charille gerichtete Lied III 5 aus. Ziehen wir es mit heran, so läßt das dritte Zehen der Lieder

uns miterleben, wie sich (III 1) der Vereinigung
Filibors mit Rosilis Hindernisse entgegenstellen, wie
er, der sich eben (III 2) zu sinnlich frechen Wünschen
verstiegen hatte, doch seine Liebe rein erhalten und
nur am hellen Tage (III 3) sich ihrer freuen will,
wie er in schwere Krankheit fällt und Rosilis ihm
zur Seite steht (III 4) und wie er trotz der starken
Neigung endlich erfahren muß, daß es kein größeres
Leid giebt, als wenn sich zwei Liebende trennen
(III 5). Dann aber tritt eine Pause ein, die der
Dichter seltsam genug mit Tändeleien (III 6—9)
ausfüllt. Und wie er in dem letzten Liede dieser
Abteilung (III 10) wieder ein echtes Gefühl zum
Ausdruck bringt, da hat er sich schon auf immer
weit von dem Heimatland seiner Rosille entfernt
und sendet ihr dies Gedicht als Abschiedsgruß.
Damit ist der Rosilis-Roman zu Ende. Und wenn
sie in den folgenden Büchern unermüdlich weiter be-
sungen wird, so gehören diese Lieder entweder einer
früheren Periode an als das Abschiedslied, oder sie
sind bloße Stilübungen des Verfassers. Jedenfalls
aber ist es ein Beweis von Selbstkritik, wenn der
Dichter seine besten Lieder in wohlüberlegter Gruppierung an den Anfang stellt und die minder ge-
lungenen nur als Beigabe betrachtet. Denn das ist

nicht zu leugnen: im vierten bis siebenten Zehen
nimmt der Wert der Lieder und die Sorgfalt der
Redaktion stetig ab.

Gleich das vierte Zehen beweist, daß sich der
Dichter, was die Motive, und besonders was die
entscheidenden Erlebnisse anlangt, in den ersten dreißig
Liedern schon so ziemlich ausgegeben hat. Ihm
gelingt in der zweiten, größeren Hälfte der Samm=
lung noch manches kräftige oder anmutige Stück;
meistens aber muß er mit Variationen früherer
Themata die Blätter füllen. Und trotzdem ver=
nachlässigt er die Anordnung seiner Gedichte nicht.
Er sucht die Wirkung des dritten Zehen zu wieder=
holen, indem er im vierten den Weg vom Liebes=
glück bis zum bitteren Scheiden noch einmal zurück=
legt. Der einleitende Hymnus an Amor setzt mit
hohem Schwung ein; dann folgen traurige Lücken=
büßer, zum Teil (wie IV 5) nur um formaler
Spielereien willen gemacht. Aber der Dichter findet
sich wieder: zierlich und gewandt weiß er (IV 6) die
Liebste zu mahnen, daß keusche Liebe sich nicht dem
Auge der Welt preisgiebt; er feiert (IV 7) das
Dunkel der monblosen Nacht, das Liebenden so
günstig ist; er versichert die Geliebte (IV 8), daß
er unter vielen Namen immer nur sie, die Eine,

3*

beſungen hat. Dann aber am Schluß verrät ſich, wie ihm ſeine ganze Lyrik, auch wenn ſie gelegent= lich von Herzen kommt, doch im tiefſten Grunde nur Zeitvertreib iſt. Der Abſchied von der Vater- ſtadt der Geliebten, der III 10 ein ſo wahr empfun= benes Gedicht hervorgerufen hatte, und der hier (IV 10) zum zweitenmal den Dichter ergreift, dieſer ſelbe Abſchied muß eben vorher (IV 9) dazu dienen, den Stoff für einen ganz öben Geſangs= text zu einer vorhandenen Melodie zu liefern.

Hat in den Büchern 1, 3 und 4 zwiſchen den ernſtgemeinten Liebesliedern nur gelegentlich einmal der Schalk hervorgelugt, ſo kommt nun mit dem fünften Zehen die ſcherzende Muſe zu Wort. Studentiſche und ſchäferliche Töne ſtimmt der Dichter an; das Gemeinſame in der bunten Reihenfolge der Lieder iſt ihre derbe Luſtigkeit; zum größten Teil ſind ſie dem Tibull entlehnt. Und nun geſchieht das Seltſame: Roſilis, dieſer Name, der doch dem Dichter teuer ſein ſollte, wird hier in den entlehnten, nicht erlebten Liedern nebſt den Namen Dorinde und Buſchgen auch für jedes beliebige Mädchen gebraucht; er wird faſt zum Appellativum. An ſo etwas muß man ſich im 17. Jahrhundert gewöhnen. Es iſt dieſelbe Erſcheinung, wie wenn ſpäter Chriſtian

Günther eine dreiste Kokette unter demselben Namen besingt, den die Geliebte seiner Jugend trug.

Poetisch sinkt Filidor am tiefsten im sechsten Zehen. Die Gedichte, die er dort mitteilt, sind wohl nur geschustert, um den Raum zu füllen; zum Teil sind sie zu vorhandenen französischen Melodien ge= macht. Die Themata der früheren Bücher kehren wieder; selbst das Motiv der Abreise von der Heimat der Geliebten muß noch einmal als Stoff für eine gereimte Redeübung herhalten.

Aber der Dichter erhebt sich gegen den Schluß noch einmal zu größerer Kraft der Darstellung, frei= lich nur, indem er stofflich zur gleichen Zeit so tief sinkt wie noch nie. Hatte er die früheren Bücher allerlei ansehnlichen Gönnern dienstlich zugeeignet, so ruft er bezeichnend genug für das siebente Zehen den Priapus als Paten, der schon IV 3 und VI 3 seine Aufwartung gemacht hatte.

Alles in allem gewinnt man aus den sieben Büchern den Eindruck von einem kräftigen Talent, das manchmal Ansätze zu wirklich künstlerischen und künstlerisch gruppierten Leistungen macht, das aber seiner nicht bewußt oder nicht Herr ist. Ob hier ein ursprünglich fein empfindender Jüngling durch widrige Lebenseinflüsse zeitweise zur Gemeinheit

hinabgezogen wurde, oder ob ein roher Burſch
vorübergehend ſich durch eine tiefe Herzensliebe ver=
edelt fühlte, das verraten weder die lyriſchen Ge=
dichte noch die angehängten Epigramme. Das
Derbe überwiegt und ſteht unvermittelt neben dem
Zarten.

———✿— — -

II.

Die bisherigen Betrachtungen gewähren im ganzen nur ein negatives Resultat: Filibor ist sicher nicht Jacob Schwieger. Die nächste Frage wird nun die sein, ob nicht vielleicht die Lieder selbst auf die Spur des wahren Verfassers führen, ob aus der Sprache nicht auf die Herkunft Filibors zu schließen ist und ob die beobachteten stilistischen Merkmale, das unausgeglichene Nebeneinander von Derbheit und Zartheit, von Verstiegenheit und Schlichtheit nicht zu deuten sind. Es wäre ja möglich, daß der Dichter nacheinander verschiedene litterarische Einwirkungen erfahren hätte, die zu verarbeiten ihm unmöglich gewesen und die deshalb jede ihre eigne Spur hinterlassen hätten.

1.

Aus der Sprache eines Dichters des 17. Jahrhunderts auf seine Heimat zu schließen, ist immer ein mißliches Ding. Bei einem Prosaiker sind die

Bedenken nicht gar so groß, in der poetischen Sprache der Lyrik ist jedoch Vorsicht auf Schritt und Tritt geboten. Reinen Dialekt schreibt natürlich längst kein mobischer Dichter mehr; aber selbst wo er es einmal thut, braucht es noch nicht der Dialekt seiner Heimat zu sein. Es ist erstaunlich, wieviel damals ein Dichter vom andern übernahm, und wie besonders einzelne dialektische Wendungen, die die großen Vorbilder, die Schlesier voran, gebraucht hatten, durch ganz Deutschland die Runde machten, vielleicht weil man sie für besonders poetisch hielt. Trugschlüsse sind daher schwer zu vermeiden. So hat z. B. Ernst Martin[1] bei Betrachtung der Festspiele des Rudolstädter Filidor unter anderm den Gebrauch des Wortes „einig" statt „einzig" für ein Kennzeichen eines thüringisch=obersächsischen Verfassers erklärt; aber das Wort ist in der Dichtersprache des 17. Jahrhunderts überall verbreitet, niederdeutschen Lyrikern, z. B. Jacob Schwieger, ist es ganz geläufig. Bei Schwieger, dem Altonaer, könnte es anderseits — falls wir seine Herkunft nicht wüßten — auffallen, daß er Lgr. III 11 und 14 niederdeutsche Schimpfwörter anwendet. Aber

---

[1] Wackernagels Geschichte der deutschen Litteratur, 2. Aufl., II, 232, Anm. 21.

das beweist ebenfalls gar nichts; auch Fleming braucht in Gedichten scherzweise die plattdeutsche Rede. Wiederum könnte Flemings Herkunft ver= raten werden durch eine Anzahl Reime, die dem Ohr des Schlesiers nicht anstößig waren (Lappen= berg S. 234 Lust : gekost [= gekostet]; 235 kömmt : vernimmt; 236 umsonst : Gunst; 249 Cherubinnen : können; 396 zu : Loh' u. s. w.). Aber als Fleming eine Autorität geworden war, galten auch seine Reime als kanonisch; Christoph Kaldenbach reimt Sinnen : können, Jacob Schwieger — um ihn am häufigsten zu citieren — sonst, umsonst: Brunst, Kunst, Gunst (FR. 7mal, Lgr. 2mal); können, gönnen: Sinnen (FR. 2mal); kömmt: nimmt (FR. 1mal); Lust, un= bewußt: Rost, Most (FR. 1mal, Lgr. 2mal).

Aus solchen Beispielen schon ersieht man, wie vorsichtig man bei der Bestimmung der Heimat eines späten Lyrikers sein muß. Und ich gestehe auch offen, daß, als ich Filibors poetische Sprache untersuchte, ich anfangs auf ganz falscher Fährte war. Ich hoffte, um nur weniges zu nennen, aus den starken Präterita mit angehängtem =e, die sich so häufig finden, Schlüsse ziehen zu dürfen, oder aus den part. praes. ohne das Präfix ge=, aus den vielen synkopierten part. praet., aus der Form „sein"

neben „finb" als 3. pl. praes., aus dem unflektierten
attributiven Adjektiv, aus der doppelten Negation,
aus dem nicht konsonantierten Anlaut der Wörter
„ie, ieder, iett u. f. w.", aus dem interjektionalen
„Mein!" — aber eine Enttäuschung folgte der
andern. Die Schriftsprache ist schon im 17. Jahr=
hundert eine Großmacht; für die poetische, rhyth=
misch gegliederte, gereimte Rede wenigstens reißt sie
die Dialektgrenzen ein.

Aus keinem Worte und aus keiner Wortform,
die von verschiedenen Dichtern aus dialektisch stark
differenzierten Gegenden gebraucht werden, darf man
Schlüsse ziehen. Beweisend sind nur solche Elemente
des Wortschatzes, die schriftsprachlich nicht über eine
gewisse Gegend hinausgedrungen sind. Und da
glaube ich, nach Ausscheidung alles zweifelhaften
Materials, für Filidor folgende, freilich nicht große
Zusammenstellung machen zu dürfen:

Abe/. GV. I 8, 4: von der ich nicht wil abe=
wanken; II 8, 6: daß ein verfälschtes Lügen=Kind
Rosillen von mir abelenke. Die zweisilbige Form
wäre wohl im 17. Jahrhundert ungebräuchlich geworden,
wenn nicht die Schlesier sie poetisch verwendet hätten.
So hat sie sich künstlich eine Zeit erhalten, ist aber
nicht von niederdeutschen Dichtern adoptiert worden.

Besüßt. GV. I 5, 3: die besüßten Frühlings-
tage; I 5, 5: von den besüßten Fluthen; II 1, 2:
dein besüßtes Wesen; IV 5, 4: durch ihr besüßtes
Arm=umfassen; IV 8, 2: die besüßten Küsse; IV 9, 4:
besüßte Ruh; VII 3, 8: das besüßte Rühren der
Lippen. Das Wort, das gegen Ende des 17. Jahr=
hunderts gegen das gebräuchlichere „versüßt“ zurück=
tritt, ist den älteren und jüngeren Schlesiern ganz
geläufig, bringt aber kaum über die sächsischen
Lande vor.

Früh als Neutrum, im Sinne des Femininum
„Frühe“ (GV. I 7, 4: wenn in dem frühen die
Morgen=treume reiner ziehen) ist im DWB. IV 1, 287
zufällig nur für Nürnberg belegt. Jedenfalls dürfen
wir ohne weitere Zeugnisse uns nicht allzu weit von
jenem Ort hinwegbegeben.

Gewälte, als Plural von „Gewalt“, dem mhd.
gewelte entsprechend (GV. I 2, 8: der fluche den
Gewälten; III 4, 8: indehm ich folge den Ge=
wälten; VI Zuschrift: forthin entzieh' ich mich des
Zypripors Gewälten), ist bei niederdeutschen Lyrikern
nicht zu belegen.

Hache. GV. V 2, 6: und andern groben Hachen
läßtu nu knarrend auff=dich=machen. Das Wort
ist weit verbreitet, und zwar in den verschieden=

artigen Nuancen, die auch das Wort „Kerl" hat.
Aber die Vorstellung eines groben Gesellen, die in
der GV. durch das Epitheton ausdrücklich hervor=
gehoben wird, scheint besonders Mitteldeutschland
eigen zu sein.

Herz, als Abjektiv = lieb. GV. I Zuschrift: herzer
Streson; IV 4, 6: Ach herze Frau. Schriftsprachlich
ist es für das 17. Jahrhundert nur bei solchen
Dichtern anzutreffen, die aus Sachsen und Schlesien
stammten oder doch die entscheidendste Zeit ihres
Lebens dort zubrachten.

Heunt. GV. V 2, 12: ich muß die Grillen
heunt im Wein zu tode schlagen. Das Wort, das
in Niederdeutschland ganz ungebräuchlich, auch nicht
litterarisch eingedrungen ist, könnte am ersten nach
Oberdeutschland weisen. Aber es ist auch in Schlesien
noch heute dialektisch weit verbreitet und wurde
im 17. Jahrhundert schon von Opitz, dann von
vielen Dichtern Ober= und Mitteldeutschlands an=
gewandt.

Krällen. GV. VII 10, 4: die Tühr war aber
zugekrellt. Dies Verbum ist, wie Hildebrand,
DWB. 5, 1984, 3 zeigt, im schweizerischen, bayrisch=
österreichischen und niederdeutschen Sprachgebiet ganz
fremd.

Anlänben (GV. V Zuschrift: führt mich bas Elenb noch herum ohn anzulenben) spricht jebenfalls mehr für einen mittelbeutschen als für einen nieber= beutschen Dichter. Denn in Nieberbeutschland bürgerte sich im 17. Jahrhundert schon bas Verbum „landen" ein, als in Mittel= unb Oberbeutschland, z. B. bei allen schlefischen unb sächsischen Dichtern, „anlänben" noch gebräuchlich war.

Aus bem Umlaut in bem Komparativ „läuter" (GV. III 9, 5: ber Hauffe . . . . rieff läuter) ober in „gläuben" (GV. VI 7, 7: soll ich gleuben, baß bu bie meine wolleft bleiben) unb „ungläublich" (GV. VI 2, 1: baß ich bich so ungleublich schön angesehn) ist nichts Sicheres zu schließen. Doch möchte man am erften an einen mittelbeutschen Ver= fasser benken.

Mein Tage. GV. IV 10, 1: Ich bin mein Tage so mit Schmerzen . . . . nicht abgereist; Sinn= reben VI: bergleichen ich mein Tage nie genoß. Diese Wenbung ist bei ober= unb mittelbeutschen Dichtern möglich, bei nieberbeutschen schriftsprachlich im 17. Jahrhunbert nicht im Gebrauch. Wenn sie sich im 18. Jahrhunbert bei Bürger, Claubius unb anbren Nieberjachsen einstellt, so ist bas rein litte= rarischer Einfluß, hervorgerufen burch ben jungen

Goethe, bei dem wieder die Autobiographie des Götz von Berlichingen Anstoß gegeben hatte.

Mehr als dieses, wie ich wohl weiß, dürftige Material vermag ich an dieser Stelle nicht zu geben. Ich werde es weiterhin durch andre Beweisgründe stützen; vorläufig müssen wir uns mit dem Resultat begnügen: ein Niederdeutscher war Filidor nicht. Die mitgeteilten Proben seines Sprachschatzes sprechen in der Mehrzahl für einen Mitteldeutschen, schließen aber den Oberdeutschen nicht völlig aus.

Dies große in Frage kommende Heimatsgebiet läßt sich nun aber durch eine einzige Beobachtung wesentlich verkleinern, nämlich, indem wir bei unserm Dichter die Wortformen ins Auge fassen, die auf ein ungedecktes -e endigen. Selbstverständlich müssen von der Betrachtung alle die Fälle ausgeschlossen werden, wo das e um des Hiatus willen geschwunden ist. Ebenso lasse ich die Versenden außer acht; denn Reimnot kennt kein Gebot. Aber auch nach dieser Decimierung bleibt eine außerordentlich große Zahl von Belegen, die zwar nicht einzeln für sich, wohl aber in ihrer Summe untrüglich beweisen, daß Filidor aus einer Gegend stammte, wo man das -e nicht zu apokopieren gewöhnt war. Er schreibt I 2, 2 Gebüsche, I 4, 8

unb 6, 4 Herze, I 7, 6 gerne, II 1, 1 Stirne,
II 2, 9 geschwinde, II 2, 11 bleibe, II 2, 15 in=
behme, II 3 (Überschrift) Leute, II 3, 5 zu rechte,
II 4, 4 Gemühte, II 7, 8 kühne, II 9, 9 beine
u. f. w. Damit fällt aber ganz Oberdeutsch=
land weg; schon aus Unter= oder Oberfranken
kann er nicht stammen, geschweige aus süblicheren
Gegenden. Es kommen im großen Ganzen nur
noch in Frage das Rheinland und Kurhessen, vor
allem aber die obersächsisch=thüringischen Lande
und Schlesien.

Und noch einmal können wir dies Gebiet ver=
engern und aus der mitteldeutschen Zone einen
kleineren Distrikt ausscheiden. Es mußte vorhin
betont werden, daß dialektische Formen, wenn sie
zu besondrem, also vielleicht komischem Zweck ange=
wendet werden, oder wenn sie durch Nachahmung
längst von einer Gegend in die andre schrift=
sprachlich verpflanzt sind, gar nichts beweisen.
Anders aber liegt die Sache, wenn dialektische
Formen, die sich bei andren Schriftstellern nicht
nachweisen lassen und die außerdem einer ganz be=
stimmten Gegend angehören, dem Dichter ent=
schlüpft, vielleicht gar wider seinen Willen stehen
geblieben sind. Solche Formen, ja selbst eine

vereinzelte Form dieser Art besitzt große Beweis=
kraft.[1]

Nun zeigt in der That die „Geharnschte Venus"
ein paar solcher dialektischen Erscheinungen. Zwei
von ihnen werden uns später an andrer Stelle die=
nen; zwei andre, eng zusammengehörige betrachten
wir schon hier. Sie stehen im Neubruck in der Ein=
leitung an recht unglücklicher Stelle. In der „Ge=
harnschten Venus" ist nämlich von jedem Gedicht die
erste Strophe zweimal gedruckt, einmal als Wort=
laut unter der beigegebenen Melodie und ein zweites
Mal als Eingangsstrophe des vollständigen Gedichts.
Die beiden Texte stimmen aber an vielen Stellen
nicht miteinander überein, und Raehse konnte auf
Seite XV und XVI eine lange Reihe von Varianten
mitteilen. Nach seiner Vorbemerkung zu schließen,
sieht er die Lesarten unter der Melodie im wesent=
lichen als Nachlässigkeiten an; wie ich glaube, mit
Unrecht. Manches mag freilich Fehler des Setzers

---

[1] Bei der Untersuchung über den Heimatsdialekt des
Dichters und vor allem bei der Benutzung des Wenkerschen
Sprachatlas habe ich mich stets der thatkräftigen Unter=
stützung meines Kollegen Ferdinand Wrede erfreut. Ich
spreche ihm auch an dieser Stelle meinen Dank aus. Eben=
falls hat mich Herr Dr. Wenker mit weitgehender Liberalität
gefördert.

sein; in ihrer Mehrheit aber sind die Abweichungen
unter den gemeinsamen Gesichtspunkt zu bringen,
daß die erste Strophe im Gedicht selbst sich mehr
der normalen Schriftsprache nähert, während sie als
Melodietext allerlei dialektische Eigentümlichkeiten
zeigt, die in ihrer Gesamtheit (auch wenn das ein=
zelne Merkmal keine genügende Beweiskraft hat) uns
wieder nach Mitteldeutschland führen. Ich habe für
diese Erscheinung nur die eine Erklärung; Als
Filidor die Eingangsstrophen seiner Lieder den ver=
schiedenen Musikern zur Komposition übergab, da
war der Wortlaut noch stark dialektisch gefärbt. Erst
für den Druck wurden die ganzen Gedichte mehr
dem Schriftdeutsch angenähert; unter den Noten=
linien aber blieb infolge mangelhafter Redaktion die
erste Strophe in alter Fassung stehen. So ist in
den Texten unter der Melodie die schwache Flexion
des Femininum weiter ausgedehnt als später in der
letzten Überarbeitung; die Form „nit" für „nicht"
findet sich dreimal, während sie sonst in der „Ge=
harnschten Venus" nie vorkommt. Das Haupt=
interesse erregen aber zwei Verse des Gedichtes I 6.
Die jetzige Stelle

    Die Dornen entweichen,
    die Lippen verbleichen

lautet unter der Melodie:

> Die Dornen entwiechen,
> die Lippen verbliechen.

Da diese Formen uns als Reimpaar überliefert sind, so müssen sie als sicher verbürgt gelten. Ein bloßer Druckfehler ist ausgeschlossen. Wir müssen sie als Reste einer ursprünglich entschiedeneren dialektisch gefärbten Fassung ansehen. Und nun führen diese Formen in dasselbe Sprachgebiet, auf das uns die früheren Beobachtungen lenkten; nur grenzen sie es abermals erheblich enger ab. Durch diese Dialekt= reste kennzeichnet sich der Dichter — was sich später durch weitere Beweise immer mehr bestätigen wird — als Angehöriger einer Gegend, in der die hochdeutsche Lautverschiebung, aber nicht die neuhochdeutsche Diphthongierung durchgeführt war. Dann kommt aber von der vorhin bezeichneten mitteldeutschen Zone nur ein kleiner Teil noch in Betracht, dessen Grenzen zwar nicht von Ort zu Ort, wohl aber in großen Zügen anzugeben sind. Ich bin mir bewußt, daß, wenn man Dialektgebiete für das 17. Jahr= hundert absondern will, man nicht ohne weiteres die Linien des Wenkerschen Sprachatlas von heute be= nutzen darf. Aber da es für den vorliegenden Zweck auf scharfe Grenzen gar nicht ankommt, so mögen auf die Gefahr eines unerheblichen Irrtums die heutigen Linien gelten. Der Zufall will, daß ich die Karte zur Erläuterung benutzen kann, die Ferdinand Wrede seinem Aufsatz über die Entstehung der neuhochdeutschen Diphthonge (ZDA. 39, 257 ff.) beigegeben hat. In dem Gebiet, das dort durch die ik/ich - Linie a und die ls/eis - Linie b umgrenzt wird[1], mit Ausnahme des Teiles, der durch die Linie d nach Süden hin als apokopierendes Gebiet ausgeschlossen ist, — in diesem Gebiet ist aller Wahrscheinlichkeit nach die Heimat Filibors des Dorfferers zu suchen. Um also nicht gar zu strenge, nur für das ausgehende neunzehnte Jahrhundert geltende Grenzlinien zu ziehen, können wir sagen: wir dürfen westlich nicht erheblich über die Gegend von Waldeck und Cassel, östlich nicht über die von Nordhausen hinausgehen; zwischen beiden Grenzdistrikten kommen die Städte Mühlhausen, Eschwege, Eisenach, Gotha, Erfurt mit ihrer weiteren Umgebung in Betracht[2]. Das alles soll

---

[1] Vgl. in dem Wredeschen Aufsatz die Seiten 277 f. und 284.

[2] Eine fernere Bestätigung erhält diese Abgrenzung auch durch den auffälligen, nur für das Ohr vorhandenen Reim „Treue : Neige" (GV. I Zuschrift). Hier hat Filibor offenbar nicht in dem Wort „Treue" zwischen dem eu und

hier zunächst nur als Hypothese ausgesprochen werden
und wird noch durch manche weitere Gründe zu stützen .
sein. Wir machen zunächst aber einen Umweg und
suchen aus den Gedichten Filibors die litterarische
Tradition festzustellen, in der er gestanden haben muß.

2.

Im ersten Zehen, im dritten Lied sagt Filibor

> Ich weiß es, Leipzig, was du bist,
> daß in dir manche Göttin ist.

Eine Einkehr in der sächsischen Metropole der
Wissenschaft und des Handels ist also verbürgt. Es
fragt sich nur: war das ein eiliger Besuch oder ein
Aufenthalt, der dauernden Lebensgewinn hinterließ?
Die Lieder der „Geharnschten Venus" sind im ersten
Moment schweigsam darüber; kein Leipziger Er=
lebnis hat dort, soweit wir erkennen können, seinen

---

der Endung einen Übergangslaut = j gesprochen; sondern
in seiner Aussprache war in dem Wort „neige" das g ge=
schwunden, wie das nach hellen Vokalen in der für uns in
Betracht kommenden Gegend weithin geschieht. Im Wenker=
schen Sprachatlas ist für die heutige Zeit zunächst das Wort
„fliegen" bearbeitet; F. Wrede hat ADA. 21, 283 f. die ge=
nauen Grenzen des Gebietes, wo „flie=en" statt „fliegen"
gesprochen wird, mitgeteilt. Ich habe mich aber aus den
Formularen des Atlas überzeugen dürfen, daß für alle
analogen Wortformen in dieser Gegend sich die gleiche sprach=
liche Erscheinung findet.

Niederschlag gefunden. Bei genauerer Prüfung sieht
man aber, daß der Dichter sich doch manche An=
regung an der Pleiße geholt hat, und darf daraus
schließen, daß der Aufenthalt nicht allzu flüchtig ge=
wesen ist.

Seit den Tagen, da Paul Fleming jung ge=
wesen, hatte sich in Leipzig die litterarische Tradition
frisch erhalten, die er selber wachgerufen hatte. Junge
studentische Dichter waren es, die in seinen Ton ein=
stimmten, in Schmaus=, Trink= und Buhlliedern einen
engen Kreis von Motiven mit Keckheit und Aus=
dauer variierten und sich für ihre Lieder sogar An=
sätze zu einem eignen Stil herausbildeten. Zu diesem
Kreis junger Poeten muß auch Filidor Beziehungen
gewonnen haben. Wie innig sie jedoch waren, ob
persönlich oder nur litterarisch, das entzieht sich
unsrer Kenntnis. In Bezug auf den Tonfall der
Perioden hat Filidor der Dorfferer am meisten Ver=
wandtschaft mit Gottfried Finckelthaus, einem der
musikalischsten Dichter der Zeit. Aber das spricht
natürlich noch nicht für persönliche Einwirkung. Wir
können nur durch Musterung der Motive, des Stils
und Wortschatzes feststellen, wie eng Filidor mit der
Leipziger Tradition verbunden war. Um nicht zu
weitschweifig zu werden, greife ich als typische Ver=

treter aus verschiedenen Jahrzehnten Fleming, Brehme,
Wasserhun und Finckelthaus heraus[1], wünsche dabei
aber, daß die Belege nur als Gesamtheit beurteilt
werden. Denn man kann bei der Art des Materials
immer nur die Richtung angeben, woher eine Beein=
flussung ausgegangen, kann aber nicht von Fall zu Fall
die anregende Persönlichkeit mit Sicherheit bezeichnen.

Gleich die Namen, unter denen Filibor die Ge=
liebte und andre Mädchen besingt, zeigen seine Zu=
gehörigkeit zu der Leipziger Schar. Fünf Namen,
die Fleming aufgebracht hatte, sind von ihm adop=
tiert worden: Rosille (Br. E iiij: Roselle), Dorinde,
Florelle (GV. II 10 Florilis), Telesille (GV. VI 9, 1)
und Rubelle (GV. VI 7; außer bei Fleming auch
Br. Nij und XXX TG. N. 11). Dann finden wir
Filibor ganz im Stoffkreis der Leipziger: er kennt
den Wein nicht nur als Förderer der Lustbarkeit,
sondern auch als Vergessenstrank in Trübsal (vgl.

---

[1] In Citaten ist Fl. = Paul Flemings Deutsche Gedichte, herausgegeben von J. M. Lappenberg, Stuttgart
1865; Br. = C. Brehmens allerhandt Lustige, Trawrige,
vnd nach gelegenheit der Zeit vorgekommene Gedichte. Leipzig
1637; WKF. = Rudolphi Wasserhuns A. P. Kauff-Fenster.
Hamburg 1644; DG. = Gottfriedt Finckelthausens Deutsche
Gesänge. Hamburg o. J.; XXX TG. = G. F[inckelthaus],
XXX Teutsche Gesänge, Leipzig 1642; LL. = G. F[inckel-
thaus], Lustige Lieder. Anno 1648. Lübeck.

DG. Hiij mit GV. V 2). Bäuerische Scenen schil=
bern die Leipziger, wie wir sie in Kürze nennen
wollen, gern realistisch, nicht arkadisch, obwohl, durch
den Reim auf „Hirten" veranlaßt, die Myrten sich
noch gelegentlich einstellen (Br. O; DG. D 5; LL.
N. 41). Filibor lernt von ihnen; auch er kontrastiert
satirisch Stadt und Land, Bürgermädchen und
Bauerndirne, ländliche Einfachheit und Alamodewesen
(GV. V 5 und 8).

Aber die ausgesprochene Verwandtschaft zeigt sich
erst auf dem Gebiet des eigentlichen Liebesliedes.
Wie es Fleming in einer „Überschrift" gethan (Fl.
227 N. 37), besingt auch Filibor den Brief der Ge=
liebten (GV. IV 2). Die Mahnung an die Liebste,
„mehr alleine denn bei Leuten" (Fl. 406) zu küssen,
giebt Fleming einmal (Fl. 424) Stoff zu einem
zierlichen Gedicht, das Filibor (GV. IV 6) frei nach=
geahmt hat. Und nur die Kehrseite dazu ist es, wenn
Finckelthaus (LL. N. 29) eine „Vielbeküßte" tadelt:

> Fromme, deine Freundlichkeit
> Geht bey vielen gar zu weit.
> Liebe, folge meiner Lehre:
> Nimm nicht jedes Küssen an,

und Filibor (GV. II 4) der leichtfinnigen Legere zuruft:

> Legere, laß die Possen bleiben,
> laß dir den Mund nicht so bereiben.

Manchmal sieht es fast aus, als hätte der Dichter
Vorlagen des Leipziger Kreises gedruckt vor Augen
gehabt. Wie merkwürdig hat er z. B. Flemings
46. Liebessonett (Fl. 511) mit der Überschrift „als
er von ihnen in den Garten geladen war“ und das
nächstfolgende mit dem Beginn

> Fleuch, feuchter Zephyr, aus, fleuch, wie nach deiner Floren
> du itzt noch pflegst zu thun

incinander gearbeitet! Gleich der Anfang verrät
es (GV. IV 3):

> Mein Lieb badt mich in einen Garten,
> wo der verliebte Westenwind
> der Floren pfleget auffzuwarten.

Und auch der weitere Wortlaut der Gedichte
zeigt auffällige Übereinstimmungen:

Fl. 511: Ich weiß den Ort, Priapus hat das Zelt
mit Grünem aufgesteckt.
GV. IV 3, 11: Du Lust-Ort des Priapus Zimmer.

Da vermutlich Fleming und Filidor verwandte
Erlebnisse durchgemacht haben, vor allem die grau=
same Trennung von der Geliebten, so wundern wir
uns nicht, daß in Liedern des Abschieds uns An=
klänge begegnen (vgl. Fl. 423 mit GV. III 10); beide
preisen die Wolluft gemeinsam vergossener Tränen
(Fl. 532, GV. III 10, 7), beide möchten der Trauten
einen Denkstein errichten (Fl. 418, GV. VI 6, 8).

Aber nicht so sehr in den ernsteren Gesängen
von hingebender Liebe, als vielmehr in den robusteren
Trutzliedern tritt die Übereinstimmung zu Tage.
Da sind auch erst die burschikosen Leipziger recht in
ihrem Element. Die üble Erfahrung, die Brehme
(Br. Kij) gemacht haben will:

> Das Schnöde Gelbt
> Hat meinen Schatz verkehrt:
> Auch endert sich die gantze Welt
> Wann man jhr Geld verehrt.
> Hab ich gleich nicht viel Gelt vnd Gut
> Hab ich Muth
> Vnd einen freyen Sinn
> Vnd das ich redlich bin,

das ist ein Stoff, der auch Filidor in Zorn
bringt und ihn alle Musen zum Henker wünschen
läßt (GV. V 10). Kommt nun gar die Rede auf
die althergebrachte Untreue der Weiber, dann weiß
jeder ein Lied davon zu singen:

Fl. 409: Der Wankelmut und leichte Zoren
      ist allen Weibern angeboren.

Br. Kij: Ein Zeugnüs solst du mir stets seyn
      Daß Damen nicht zu gläuben.
      Sie haben nichts denn falschen Schein.

DG. Div b: Der Damen Liebe hat den Brauch,
      Daß sie bald wird zu Dampff vnd Rauch.

Und Filidor, der auch den Spruch von „Liebe
und Aprillen=Wetter" (VI 5) kennt, stimmt mit ein:

II 7: Nichts beſſers kan ein Weibes-Bild,
als daß ſie Treu mit Liſt vergißt,
und meiſterlich weiß zubetriegen
mit Schmeicheln Spott und ſchlimmen Lügen.

Von hier iſt nur noch ein Schritt zu den un=
galanten Spottliedern auf das weibliche Geſchlecht,
die übrigens nach all ben zuckerſüßen Schmeicheleien
ber Zeit ganz erfriſchend wirken. Da iſt kein Stoff
zu gewagt. Ein Lied wie LL. N. 62 könnte ohne
weiteres in Filibors priapeiſches ſiebentes Zehen ein=
gerückt werden. Lüſterne Scenen, wie ſie Fleming
noch nicht kannte, ſind vereinzelt bei ber jüngeren
Generation beliebt; das Bild ber nackten Schönen
(WKF. 19; Br. Giijb) taucht auch bei Filibor
(GV. VII 1) auf. Im ganzen aber liegt bei aller
Freiheit doch ein ehrliches lautes Lachen ben
jungen Dichtern näher als das heimliche Kichern;
verſchmitzte, halbe Anſpielungen kennt dieſe Poeſie noch
nicht, ber Spaß iſt lärmend und breitſpurig. Frei=
lich, ſpröde barf bas Mädchen nicht ſein. Hatte ſchon
Finckelthaus (DG. Gjb) ber allzu Ehrbaren zugerufen:

Auff beinen Wangen
Bleibt nichts behangen
    Ein Kuß iſt abgewiſcht in einer Nacht.
Wer kann es wiſſen?
Denn dieſes Küſſen
    Kein Loch, Fleck, Wunden ober Narben macht,

so geht Filibor (VII 4, 6) schon einen Schritt weiter
und hält jede Berührung für erlaubt:

> Die Haut wird doch nicht ringer
> und bleibet unbefleckt,
> ob sich schon je ein Finger
> darüber ausgestreckt.

Besonders richtet sich der Eifer gegen die Alten,
die Feinde der grünen Liebe. Wasserhun · leuchtet
(WKF. 26f.) dem Griesgram tüchtig heim:

> Das ist der alten Seuch,
> Daß, was sie nicht mehr können,
> Vnd doppelt vor gethan,
> Sie gar nicht wollen gönnen,
> Dem, ders jetzund noch kan.
>
> — — —
>
> Wenn ich die Jahr erreichet,
> Auch mit vier Augen seh,
> Die Zeit den Kopf nur bleichet,
> So thu ichs auch nicht meh.

Und Filibor ahmt die Scheltrede deutlich nach
in dem Gedicht, das die Überschrift trägt „Gedenk
wie du es hast getrieben" (GV. V 6). Besonders
beliebt ist in den Gedichten dieser studentischen Kreise
die Trias der lebens= und liebesdurstigen Frau, ihres
hustenden alten Gatten und des jungen Ersatzmannes.
Läßt Brehme (Br. Riiij) den Alten sich gegen die
Dame verteidigen, läßt Wasserhun (WKF. S. 11ff.)
die enttäuschte Frau klagen, daß sie cum conjuge

coelebs sei, so sieht Filibor das Verhältnis von der britten Ecke an und legt dem strotzenden Kavalier (GV. VI 10) ein Schmählied auf den unzulänglichen Alten in den Mund.

Diese Proben aus dem Vorrat der Motive zeigen schon, wieviel der Sänger der Geharnschten Venus der Leipziger Überlieferung verdankt; und dieser Eindruck wird noch verstärkt, wenn man einige Stilproben hinzufügt. Filibor liebt es, ein paar Gedichte keck und frisch mitten aus der hochgeschwellten Stimmung heraus mit dem Wort „Und" beginnen zu lassen (GV. II 8: Und, wo ich dirs, Zelinde, schenke; VI Zuschrift: Und hätte bir biß Werk, Geehrter, nicht gefallen); er sand diesen Brauch bei den Leip= zigern vorgebildet (Fl. 222: Und du bist Petrus Art; 407: Und soll es nun nicht anders gehen; 499: Und tötest du mich gleich; LL. N. 26: Und ich werde doch Rubellen lieben; N. 41: Und solt ich denn nicht jene zeigen).

Des ferneren sucht er seinen Liedern dadurch einen kräftigen Abschluß zu geben, daß er in der letzten Strophe, die er mit dem Worte „Darum" beginnen läßt, das Resultat zieht (GV. II 4, 7: Drum, wiltu fromm und Erbar heissen; II 8, 6: Drum denke nicht, Zelinde; II 10, 7: Drum besser dich; III 3, 5: Drum geh, verhaßtes Sternenheer; IV 1, 9: Darum, wer sich in dem Lieben unbetrübt gedenkt zu üben; IV 4, 12: Darum, mein Freund, der du die Nacht bedenkeſt). Ein beſonders feſtes Gefüge bekommt das ganze Gedicht vor allem, wenn dieſe letzte mit „Drum" oder „So" eingeleitete Strophe gleichlautend mit der erſten iſt (GV. IV 6, Strophe 1: Es iſt genug der Hände brükken, Strophe 6: Drum ſey genug der[1] Hände brükken; V 2, Strophe 1: Auff! bringet Wein, Strophe 13: So bringt nu Wein; VII 4, Strophe 1: Was zükkſtu denn zurücke, Strophe 8: Drum zukke nicht zurükke). Auch dieſe Wirkung kannten die Leipziger ſchon (Br. Ljb, Strophe 1: Ob ich gleich nicht reich noch ſchöne, Strophe 9: Drumb ob ich nicht reich noch ſchöne; LL. N. 52, Strophe 1: Ich liebe dich allein, ge= ehrte Mariliß, Strophe 4: So liebe mich allein, geehrte Mariliß).

Auch einen ſcherzhaft verſchränkten Satzbau, den ich nur bei Finckelthaus nachweiſen kann, den aber

---

[1] So iſt natürlich zu leſen, nicht „dir". Wenn Naehſe ſchon alle offenkundigen Druckfehler des Originals verbeſſerte, ſo durfte er auch ſetzen III 2, 4 „Fluht" ſtatt „Flucht"; VII 1, 21 „Pfiel" ſtatt „Pfeil"; VII 7, 6 „Barbillchen" ſtatt „Barillchen".

Lessing zu komischer Wirkung noch in „Minna von
Barnhelm" angewandt hat, finde ich bei Filidor
nachgebildet:

DG. Jiij:

Ich küß: Ich drück: Ich bind: den Mund: die Hand: die
Schue:
Ich rühr: Ich fühl: Ich brings: das Ohr: die Bruſt: euch zu:
Ich tanz: Ich knie: Ich lach: mit euch: vor euch: euch an:
Das iſt die Höffligkeit, die ich euch zeigen kan.

GV. Sinnreden V:

Die Nacht, die Tühr, die Gunſt, verborge, machte, gabe,
mein Glükk, mich froh, was ich ſo offt verlanget habe.
Sey ſtille Nacht geküßt, ihr Pforten bleibt geehrt,
und du geliebte Gunſt werb' je und je gemehrt.

Zum Schluß gebe ich eine kleine Zuſammenſtellung
aus dem Wortſchatz, möchte aber auch da nur auf
die Summe der Übereinſtimmungen hinweiſen und
nicht behaupten, daß Filidor das einzelne Wort
immer entlehnt, und nun gar dieſer beſtimmten
Quelle entlehnt habe.

Beflammt. Fl. 66: beflammt die Liebeskerzen;
GV. I 1, 6: mein beflammtes Herze.

Blick = Augenblick. Fl. 113: Es iſt um einen
Blick; 147: die Stunden ſchießen fort, ein jeder
Blick, der ſpricht; Br. Kij: Läſt er (der Himmel)
ein Blick mir gütig ſeyn Kömbt Vnglück ſtrack bar=

für; GV. I Zuschrift: will ich die vergunnten Blikke
der Gelegenheit ergreiffen; I 8, 5: ich habe nicht
ein einigs Blikkchen recht geschlaffen.

Dabern. DG. D 8: Sie babababert mit geschrey;
GV. I 7, 4: die Daber=Ganß.

Gezweyte. Br. Dij: ihr jeßo noch gezweyten
(= die ihr jetzt nur zu zweien seid); GV. IV 2, 13:
die eine der gebritten (= der drei Grazien).

Pösel. Fl. 286: der achtet keines Pösels Gnab';
404: obschon der Pövel anders spricht; 411: der
Pövel braucht der Rach' und Schanbe; LL. N. 16:
Immittelst laß den Pövel toben; GV. I 10, 2: ich
achte nicht beß Pösels Spiel; VI 8, 1: Pösel was ·
soll das bedeuten.

Prachen. Br. Hiij: Es mustens alle lachen, Vnd
sagten, wird er nun mit einer Hand noch prachen;
GV. II 7, 3: wie prachertstu um einen Kuß.

Satt als Abverb = genug. Fl. 328 : die
stark sind satt zu stoßen ihn ins Loch; 271: die böse
Seuche hat uns dünne satt gemacht (vgl. auch das
Register bei Lappenberg); Br. Eiij b: jedes Wort,
das sie herausser bringet, ist kräfftig satt; Br. Giij b:
Vnd ewers Kleides Saum mehr obel satt besprißet;
DG. Hiij b: Satt ifts, so ihr mir wolt ein gutes
Auge schenken; GV. II 5, 3: nicht höfflich satt dich

zubedienen; III 1, 6: doch wäreſtu nur flüchtig ſatt;
VII Zuſchrift: nu habt ihr ſatt geleſen; VII 1, 19:
haſtu nicht ſatt Gelegenheit; Sinnreden XII: Bin
ich nu nicht dankbahr ſatt geweſen.

Schnitt = Verläumbung, Lüge, Unreblichkeit.
Fl. 404: O, das iſt wol ein großer Schnitt;
GV. II 8, 2: wer traute dir die Schnitte zu!

Zieht man alle dieſe Übereinſtimmungen, deren
Zahl ſich obendrein erheblich vermehren ließe, in
Rechnung, dann iſt der Zuſammenhang Filibors mit
Flemings Leipziger Gefolgſchaft nicht zu leugnen.
Aber es iſt ein rein litterariſcher Zuſammenhang; die
Gedichte wurzeln doch nicht in kurſächſiſchem Boden.
Ja, man darf auch über der Harmonie die Abwei-
chungen nicht vergeſſen. So grob wie die Leipziger
an ſpröde Schönen Körbe austeilen, thut es Filibor
nicht; ihn ſcheint, ſelbſt wo er derb und ungalant
wird, doch noch ein Reſt von Scheu vor dem weib-
lichen Geſchlecht in Schranken zu halten, wenn er auch
anderſeits weit entfernt bleibt von der Keuſchheit
Flemings in dem Sonett „Als er ſie ſchlafend funde".
Und noch eins ſcheidet Filibor von den Leipziger
Burſchen; er hat nie, ſelbſt nicht V 5, mit dem
Ernſt des Krieges ſo geſpielt, wie z. B. Finckelthaus
thut.

— 65 —

Die Unterschiede mögen begründet sein in Fili=
bors persönlichen Erfahrungen; sie finden aber auch
dadurch ihre Erklärung, daß der Dichter in den Bann=
kreis einer andren litterarischen Tradition gelangte.
Was dem jugendlichen Poeten von Leipzig her an
Roheiten anhaftete, wurde nicht beseitigt, aber hie
und da gemildert durch den genius loci Königsbergs.
Beide Einflüsse durchdringen sich nicht, sondern laufen
nebeneinander her; wurde die Leipziger Lustigkeit
durch den jugendlichen Sinn des Dichters wach gehalten,
so gewann die Königsberger Lehre, wie wir später er=
kennen werden, ihre Macht hauptsächlich dadurch, daß
hier die abstrakte Unterweisung jahrelang durch die
Schule des Lebens ergänzt wurde.

3.

Einen Weg, der von der Lebensauffassung der
Leipziger Musensöhne zu der der Insassen von Alberts
Kürbshütte, von der ars amandi zu ars moriendi
führt, den legt ein Mensch natürlich nicht in wenigen
Monaten, und selbst in Jahren nicht von einem Ende
zum andern zurück. Wir dürfen daher zwischen Fili=
bor und den Männern, die sich um Roberthin und
Albert scharten, nur eine Annäherung, keine volle
Übereinstimmung erwarten.

Köster, Licht. b. geharn. Venus.   5

Was die Königsberger Dichter[1] von den so er=
heblich jüngeren Leipzigern unterscheidet, ist ihr maß=
volles Behaben. In ihren Trauergesängen, wenn
sie nicht etwa einem Großen dieser Erde gelten, giebt
es keine pathetische Klage, keine Verzweiflung, kein
Händeringen, Ächzen und Schreien, sondern nur milde
Wehmut, stille Betrachtung, feuchtschimmernde Augen,
sanften tröstenden Händedruck. Und in ihren heiteren
Gesängen geht es wohl einmal lustig zu; aber auch
da ist alles abgeklärt, es stört kein frecher Ton,
keine Unanständigkeit. Sie feiern die Liebe, aber in
Züchten und mit altfränkischen Huldigungen. Sie
schätzen den Wein, aber sie trinken ihn mäßig und
saufen ihn nicht aus Kannen. Und wenn sie singen,
so geschieht es kunstvoll, drei= oder gar fünfstimmig,
zur Begleitung sanfter Instrumente, sie brüllen keine
Runda.

K. 216: Wer Gott zu förderst sich ergiebt,
     Und nimmer von Ihm weichet,
     Auch nachmals eine Seele liebt
     Die seiner Seelen gleichet,

---

[1] Es genügt, um das Untersuchungsmaterial auf das
Notwendige und Charakteristische einzuschränken, die Gedichte
des Königsberger Dichterkreises nach der Ausgabe von L. H.
Fischer, Halle 1883/84, zu citieren (K.).

Mag wol gewehnen sein Gemüht
In Frölichkeit zu leben,
Die dann ein Glaß vnd ein schön Lied
Vollauff vns können geben.

Viele dieser Lieder sind gar so verständig, so
begriffsmäßig klar, so nüchtern, wie sich das in den
langen biederen Perioden, den sauberen Relativsätzen
und den vorsichtig ordnenden Konjunktionen offen=
bart. Ein Zug zum Allgemeingültigen, ein Ver=
wischen der individuellen Merkmale ist vorhanden;
selbst Lieder, die zu einem besondren Anlaß gedichtet
sind, werden gerne so gehalten, daß sie auch auf
jedes verwandte Ereignis passen.
Das alles konnte Filibor nicht mitmachen. Die
Todessehnsucht, die häufige Vergegenwärtigung der
Verwesung teilt er gar nicht mit den Königsbergern,
ebensowenig wie ihren Stoicismus. Für seine Lieder
voll Begehrlichkeit und Lebensgenuß und für seine
kriegerischen Töne fand er keine Anregung bei ihnen.
Sein Motivkreis ist enger; ganze Gattungen von
Liedern, die Kasualgedichte, die religiösen Oden, die
Gesänge zum Preise der Natur und der Jahres=
zeiten kommen für ihn in Wegfall. Und auch wo
Berührungen stattfinden, welche Unterschiede! Selbst
über den Trinkliedern der Königsberger liegt hie

und da etwas vom Druck der schweren Zeit; sogar an
ein Lied wie K. 28 f., das von dem Recht der Jugend
auf Lebensgenuß handelt, muß Simon Dach ein
moralisches Schwänzchen anhängen. Welch ein Ab=
stand des Temperaments zwischen Filibors Hymnus
auf Amor (GV. IV 1) und dem bloß erklügelten,
matt verständigen Lobgesang der Liebe von Simon
Dach (K. 164)! Da zeigt sich deutlich der Unter=
schied des Lebensalters.

Aber wo sich dieser nicht geltend machen konnte,
wo das Empfinden des Jünglings und des Mannes
übereinstimmen, da hat sich Filibor doch gern an
die Sänger der Kürbshütte angeschlossen. Er hat es
sich gemerkt, daß die Königsberger Meister es lieben,
ihre ernste Lebenserfahrung zu kleinen Sprüchen zu ver=
dichten. In ihren Liedern findet sich manche Stelle, die
wie ein Citat sich leicht einprägt und die dann in den
Nachbarstrophen variiert oder durch Beispiele erläutert
wird. Einen ähnlichen Brauch kann man in der
Geharnschten Venus beobachten. Filibor hat ferner
die einfache Innigkeit, die Schlichtheit vieler Lieder,
besonders von Simon Dach, liebgewonnen und sich
zum Muster aufgestellt. Auch von dem musikalischen
Reiz der Arien in Alberts Sammlungen war viel
zu lernen. Leider hat sich nur auch ein Übel mit

eingeſchlichen. Es ſteckt etwas Philiſtröſes in den
Königsberger Gedichten; das Jdeal beſonders in
den vierziger Jahren, als alle dieſe Dichter älter
werden, bildet ſich dahin aus: in den Hafen der
Ehe einlaufen, ſich um die Welt nicht mehr kümmern,
für ſich ſelbſt ſorgen oder durch hohe Gönner ſorgen
laſſen und ſelbſtgerecht ſich und ſeine Tugend ein
wenig beſpiegeln. So erläutert z. B. K. 205 f. die
„Kunſt in der Welt fortzukommen",

> Daß ſolcher Menſch den Frommen
> Zu Troſt durch hoher Leute Gunſt
> Zu Stand vnd Brot muß kommen.

Seltſam genug, daß dieſe Banauſengeſinnung
bei Filibor Eingang finden konnte; er ruft (GV.
II 5, 4) mit rechtem Phariſäerſtolz einer zu Falle
gekommenen Schönen zu:

> Jch werde doch wol Brod und Hauß,
> und einſten gute Nahrung finden,
> da, Dellmane, du bleibſt dahinden,
> und fegſt die öden Winkel auß.

Die Übereinſtimmungen zwiſchen Filibor und den
Königsbergern ſind hauptſächlich allgemeiner Natur,
die Stimmung iſt vielfach dieſelbe. Soll man aber
augenfällige Reminiscenzen aufweiſen, ſo iſt daran zu
erinnern, daß die Namen Argine (K. 90) für die
Geliebte, Damon (K. 136 ff.) für den gaſtfreien

Freund GV. VII 6, 2 und I 7, 1 wieder aufge=
nommen sind. Gern rühmt sich Filidor, wie es
Simon Dach und die Seinen thun und wie es
Properz als sein Vorbild gethan, der Lieder als
seines ganzen Reichtums (K. 12; 48; GV. I 6);
weiß doch der Dichter, daß diese Lieder die Unsterb=
lichkeit verbürgen (K. 137; 206 ff.; GV. I 1, 9; II,
10 u. ö.). Ebenso wie wir es bei den Leipziger
Poeten sahen, scheinen auch von den Königsbergern
einige Gedichte geradezu als Vorlagen gedient zu
haben. Sollte es Zufall sein, daß K. 55 die Strophen
1—3 in der Reihenfolge der Motive genau den
Strophen GV. I 3, 4. 5. 7 entsprechen? Sollte
nur zufällig K. 291 so nah verwandt mit GV. II 6
sein? Auch Simon Dachs berühmteste Leistung klingt
nach:

K. 179: Anke van Tharaw mihn Rihldom, mihn Goet,
Du mihne Seele, mihn Fleesch on mihn Bloet.
Quöm' allet Wedder glihk ön ons tho schlahn,
Wy syn gesönnt by een anger tho stahn.

Wörbest du glihk een mahl van my getrennt,
Leewbest dar, wor öm dee Sönne kuhm kennt;
Eck wöll by fälgen börch Wöler, börch Mär,
Dörch Yhß, börch Ihsen, börch sihnblödet Hähr.

Diese Verse, die Dach selbst K. 286 verwässert
hat, lauten in Filidors Sprache:

GV. III 10, 3:

> Rofill' ist mir Gewerb und Hauß,
> Freund, Eltern, Vaterland und alles
> bey ihr halt' ich all Elend auß,
> bey ihr befürcht' ich keines Falles.
> Will sie: ich geh mit ihr zur See,
> wenn Sturm und Blizz spielt auff der Höh'
> ich wage mich in ferne Wüsten
> und wohne, wo die Schlangen nisten.

Wichtiger aber als alles dies ist, daß Filibor den Königsbergern die sanfte Melodie der Verse ab= gelauscht hat, daß er, soweit er kann, den glatten Fluß, der nicht durch Hindernisse gestört wird, nach= ahmt. Und da ist ein Hülfsmittel besondrer Be= achtung wert. Schon Fleming hatte empfunden, daß es für Verse, in denen stets . eine betonte Silbe mit einer unbetonten wechseln soll, kaum ein unbequemeres Sprachmaterial giebt als diejenigen komponierten Verben, deren erster Bestandteil eine einsilbige Partikel ist: auslachen, aussaugen u. s. w. Er hat schon vereinzelt sich einen rhythmischen Vorteil dadurch verschafft, daß er die Partikel abtrennte und zwischen beide Bestandteile ein Wort einschob (Fl. 494: mache nicht, daß man dich aus muß lachen; Fl. 495: daß ich . . . aus muß saugen). Dieser Freiheit haben dann auch

Simon Dach unb Heinrich Albert sich bebient (K.
137: Wann bie Lerch' vnb Nachtigal An= wirb
stimmen Berg unb Thal; 154: Er würget, wie er
an= vns trifft, Jung ober Alt; 171: Ob ich mit
Recht mein Junges Leben Vmb jhrent willen auff=
soll geben; 274: Ein Blat uns vor= wil tragen).
Aber erst Filibor hat bie volle Konsequenz gezogen;
nicht, wie bie Vorgänger thaten, wagt er nur eine
Silbe, ein Hülfsverb ober Pronomen einzuschieben,
sonbern bis zu fünf Silben. Daburch hat er manche
Härten auf bas Bequemste vermieden (GV. I 3, 10:
als ab= von ihrem Ruhme =lassen; I 7, 7: ich würb'
ab= ihrer Seite =gehn (ab noch ganz als Präposition);
I 8, 6: ich wil es auß= ganz willig =halten; I 9, 7:
biß ber Tob mich auff= wirb =reiben; II Zuschrift:
wer ... an= wil =tasten; II 5, 4: (bas) wirstu auff=
auß ber Asche =lesen; II 7, 3: barff aber keinem an=
es =zeigen; III 10, 6: ihr Betrübnis an= mit =sehen;
IV 6, 6: wer weiß ob nicht ... bie schlauen Reiber
ab= was =merken; V 2, 6: läßtu nu knarrenb auff=
bich =machen; V 7, 4: wer gegen Amor auff= sich
=rottet; VI 3, 4: was werb' ich ..... an= boch erst=
lichst =fangen; VI 5, 6: bennoch wil ich ab= nicht
=lassen; VI 7, 3: wie ich .... sie an= zuerwachen
=stehe; Sinnreben XV: wil bein Sattel nur mir

an-ſich=maſſen; Zugabe 10: baß er erſt an= im
Alter =fieng).

Auch den Sprachſchatz Filibors und der Königs=
berger dürfen wir auf bemerkenswerte Übereinſtim=
mungen hin prüfen:

Fretzen. K. 9: Jetzt ſind nur Raupen hie mich
vollent abzufretzen; 45: iſt von den Würmen abge=
fretzet; 163: vom Winter wird es gantz befrätzet;
GV. II 2, 10: ſie befräzten meine Heyden.

Freſſen. K. 82: Ob ich noch ſo ſehr mich freſſe;
GV. I 9, 8: So hör' doch auff mein Herz zu-
freſſen.

Funb = Erfindung. K. 161: Hie durch ein Fünb=
chen, Liſt vnd Kunſt; GV. II 8, 3: das ſüſſe Lieben....
hat dich zu ſolchem Funb getrieben.

Sauer=. K. 243: der bleibt ein Sauer-Maul;
GV. III 5, 3: der Eltern Geiz und Sauer=Zahn.

Schorrſtein. K. 108: Kaum ein kleines Schor=
ſtein=fewer; GV. IV 4, 5: Mach lieber Feur im
Schorrſtein; IV 4, 10: zünd' ich den Schorrſtein an.

Zu Steuer kommen. K. 91: Komm abentlich
zu ſtewr mit deinem Licht vns beyden; GV. III
2, 7: kehm Thetis mir zu ſteuer; VI 5, 2: Meiner
Liebe treues Feuer kömmt mir nu ſchlecht zu ſteuer.

Nun müssen wir aber an diese Beobachtungen doch noch die Bemerkung knüpfen, daß Königs=
berg nicht wie Leipzig bloß litterarisch, sondern mit seiner ganzen Existenz auf Filibor gewirkt hat.
Offenbar hat der Dichter dort lange Zeit gelebt, denn der Dialekt der Gegend ist ihm so vertraut geworden, daß eine ganze Reihe von Wörtern aus dem Königsberger Platt sich in die Gedichte eingeschlichen hat. GV. IV 4, 5 läßt er eine ostpreußische Magd die Worte sprechen: „ich leg mich tahl", giebt also dem Wort „bāl" anscheinend falschen Anlaut, was man dem Nichtpreußen verzeihen würde. Aber es scheint doch richtig zu sein; denn Hennig in seinem Preußischen Wörterbuch, 1785, S. 49 bemerkt: „Ehmals wurde es Thal geschrieben". Denselben Anlaut schreibt Filibor in dem Verbum „vertrögen" (GV. III 2, 9: es würden seine Quellen vertrögen über mir). Auch dieses Wort — das dem Dichter von Haus aus fremd ist, denn später in Hamburg (IV Zuschrift) schreibt er wieder „vertruknet" — ist noch heute in Königsberg als „verdregen" ge=
bräuchlich.

Unter allen Süßigkeiten der Zuckerbocke Bar=
billchen wird VII 7, 6 das Juppchen (die Tasche) im Rock angeführt. Auch das ist ganz ostpreußisch;

Hennig bemerkt S. 76: „Fuppe, sagt man, anstatt Tasche".

Dazu ferner II 8, 1 der entrüstete Ausruf über eine Dirne, die ein freches Gerede gemacht hat:

> Es denke doch nur einer, denke,
> was diese Marigelle spricht.

Auch über den Gebrauch dieses altpreußischen Wortes, das ich vor wenigen Jahren noch oft dort als Anruf der Mägde auf dem Felde gehört habe, belehrt uns Hennig, S. 155: „Zuweilen aber wird auch das Wort verachtungsweise gebraucht, z. E. die Margelle bildet sich viel ein, oder was ist an der Margelle gelegen? Bey Frauenzimmern von Stande wird dies Wort niemals ohne Beleidigung des Wohlstandes angebracht."

Inmitten dieser ostpreußischen Ausdrücke be= fremdet uns nun auch nicht mehr der seltsame Name „Buschgen", den Filidor der Geliebten bei= legt, der Name, von dem er IV 8, 4 sagt:

> Hätt' ich dich Buschgen stets genannt,
> so möchte mancher auff dich sinnen,
> der Leute spizziges Beginnen
> ist mir mehr als zuviel bekannt.

Bock in seinem Idioticon Prussicum, 1759, berichtet nämlich: „Tusch, soll so viel als Dorothea

heiſſen. Die Vornamen werden bey uns Preuſſen
oft ſo ſtarck verkürtzet, daß aus dem rechten Worte
kaum nur ein Buchſtab übrig gelaſſen wird. So
heiſſen Barbara Buſch, Catharina Kaſch, Sophia
Fuſch, Juliana Jul u. ſ. w." Alſo Barbara hieß
Filidors Geliebte mit dem bürgerlichen Namen; und
ich überlaſſe es nun der Königsberger Lokalforſchung,
dieſe Barbara, die in der zweiten Hälfte der dreißiger
Jahre geboren ſein mag, zu ſuchen.

Der Königsberger Lokalforſchung! Denn Königs=
berg iſt der Boden, auf dem Roſille = Buſchgen
gelebt hat. Filidor ſpricht GV. II 2, 1 von dem
Pregel, er richtet ſpäter ſeine Gedichte zum großen
Teil an Freunde, die er in Preußen gefunden, er
erwähnt I 7, 3 ein Dorf oder Gut Robitten, das
ſich nur im Regierungsbezirk Königsberg nachweiſen
läßt. Und inmitten dieſer Umgebung redet er
immer wieder von „der" Stadt, als ob es nur eine
gäbe. Er kann nur Königsberg gemeint haben;
und ſomit kennen wir zunächſt den Ort, wo Filidors
Liebesroman geſpielt hat.

———————⟨⟩———————

III.

Abſichtlich ſind bisher die Gedichte Filidors faſt nur auf ihren litterariſchen Gehalt hin geprüft, alle übrigen Beigaben ſogar beiſeite gelaſſen worden. Wir haben dabei drei Lebensſtationen des Dichters er= kannt: Mittelbeutſchland, mutmaßlich Thüringen iſt ſeine Heimat geweſen; in Leipzig hat er zwar nicht flüchtige, aber doch nur vorübergehende dichteriſche Anregungen genoſſen; Königsberg dagegen hat ihn an= ſcheinend länger gefeſſelt, nicht nur durch litterariſche, ſondern auch durch rein menſchliche Beziehungen. Jetzt erſt treten wir an die Aufgabe heran, die Perſönlichkeit des Mannes feſtzuſtellen. Leipzig wird dabei für unſer Intereſſe zurücktreten. Im übrigen aber ſind zwei Fragen zu beantworten: Erſtens, iſt der Heimatsort noch genauer zu beſtimmen, als bisher geſchehen? Und zweitens, kann man noch er= mitteln, welche Veranlaſſung Filidor nach Königs= berg führte? Ich ſtelle aus beſonderen Gründen die zweite Frage voran.

1.

Liest man die „Geharnschte Venus" aufmerksam durch, so muß man zu dem Schluß kommen, daß diese Lieder ein junger Mensch gesungen hat, der noch nicht in Amt und Würden saß, nach aller Wahrscheinlichkeit ein Student, denn er spricht oft von dem Dienst der Minerva, der sich mit dem der Venus nicht verträgt. Ein gescheiter Kerl muß es überdies gewesen sein; er kennt die alten römischen Klassiker so genau, wie er seine deutschen Zeitgenossen kennt. Dazu ist er ein frischer Gesell; er weiß auf die Rede des Volks zu lauschen, die Mädchen sind ihm nicht gram; und geht's mit dem Friedenswerk nicht voran, so folgt er der Kriegstrommel. Darum hat er seine Liebeslieder „Geharnschte Venus" betitelt. Aber seinen Namen hat er nicht auf das Buch gesetzt. Wir müssen uns deshalb vorerst mit der Bekanntschaft eines seiner Freunde begnügen.

Nach der Sitte der Zeit wird die Sammlung eröffnet durch „Guter und lieber Freunde Zuschreiben über diese Venus", wohlgemeinte Empfehlungsbriefe, die dazumal als Ersatz für die fehlende litterarische Kritik und zur Abwehr wider den

„Neibhart" dienen mußten. Unter diesen Begrüßungs=
gedichten beginnt das erste, aus Königsberg über=
sandte:

> Vier Jahre brauchten wir fast einen Tisch und Stube:
> mir ist noch nie bewust, daß du ein Lied erdacht
> von dehm, was Zyprie vor fremde Reizung macht,
> nun iezo spornt dich an der kleine Liebes Bube.

Ein vertrauter Genosse also redet den Dichter
an; und er unterzeichnet seinen Sermon mit dem
Satze „Nimm so vorlieb Mit Meiner Person". Die
letzten drei Worte „Mit Meiner Person" stehen in
einer besondren Zeile für sich, genau da, wo man
unter gewöhnlichen Umständen den Namen des
Schreibers finden würde. Es fällt ferner auf, daß
alle drei Worte mit Majuskeln beginnen, so daß
wohl hinter den Buchstaben M. M. P., das ist
in dubio Magister M. P., sich der bürgerliche Name
des Verfassers verbirgt. Ja, ich möchte noch einen
Schritt weiter gehen. Das Wort „Person" ist an
dieser Stelle so seltsam, so gesucht, daß es gewiß
nicht ohne Absicht gewählt worden ist. Wir nennen
den Freund Filibors daher einstweilen „Magister
M. P[erson]".

Nun widmet Filibor am 20. Oktober 1657 das
erste Zehen seiner Gedichte zwei Schäfern, „dem

vortrefflichen Hirten Strefon, wie auch dem un=
vergleichlichen Pranferminto". Von biesem zweiten
Freunbe heißt es in der Zuschrift:

Jezt komm' ich auff Pranserminten.
Wo ich, Pranferminto, bir einigs Zeichen meiner Treue
nicht einmal auch spüren ließe: fühlt' ich billich jenen Branb,
der ben aus der See halb-tobten aller Welt gemacht bekant.[1]
Dreymal bracht' Apollens Stern seine Reise zu der Neige,
breymal spannt' er wieder an. So viel Jahre sind verflossen,
baß bu ftets um mich gewefen: Eine Stube nahm uns ein,
eine Tafel reicht' uns Speife, Kreuz unb Glück war uns
gemein.
Was für lehr-bereichte Luft hab' ich bar bey bir genoffen!

Kein Zweifel, Pranferminto ift ibentisch mit bem
Magifter M. P[erfon]. Mit ihm hat Filibor bis
vor brei Jahren, b. h. bis 1654 ober vielleicht An=
fang 1655, basselbe Zimmer geteilt. Vier Jahre
hat die Kamerabschaft gebauert, sie hat also die Zeit
von 1651 bis 1654[55] umfaßt. Wiffen wir für
biefe Jahre Pranfermintos Wohnfitz, fo kennen wir
bamit auch Filibors Aufenthalt.

Der Magifter M. P[erfon] begrüßt feinen Freunb
von Königsberg her, der Stadt, wo unter den Dich=
tern feit Jahrzehnten anagrammatifche Spielereien
mit bem eigenen Namen beliebt waren, wo Simon

---

[1] Das heißt: müßte ich erröten, wie Obyffeus bei ben
Phäaken.

Dach sich die Hirtennamen Chasminbo und Eicha=
monb beilegte, Roberthin sich Verrintho, Abersbach
sich Barchebas nannte. Wie, wenn in Pränserminto
ein Vorname mit M und ein Zuname mit P steckte?
In der That, sonbre ich ben beliebtesten Vornamen
mit M, Martin, aus, so bleiben genau die sechs
Buchstaben übrig, die das Wort „Person" bilden;
und schüttle ich biese nochmals durch einander, so
ergiebt sich der Zuname Posner.

Magister Martin Posner ist in ben Jahren
1651 bis 1654, die für uns in Betracht kommen,
und auch noch weiterhin recht wohl nachweisbar.
In bie Matrikel der Königsberger Universität[1] ist
unter dem 14. Dezember 1651 als der sechsund=
dreißigste des Wintersemesters 1651/52 eingetragen:

M. Martinus Bosner, Geran. Misnic., data
dextera promisit obed[ientiam] — dd. (= dedit)
— 4 - 10.[2]

---

[1] Alle Auszüge aus der Matrikel hat mir auf gütige
Erlaubnis bes Rektors, Herrn Prof. Jacoby, der Herr
Archiv-Assistent Dr. A. Wittich in Königsberg gemacht, bem
ich für die ausführliche Beantwortung aller meiner Fragen
aufrichtigen Dank sage.

[2] Diese Zahlen am Ende jebes Matrikeleintrages be-
beuten die erlegten Mark und Groschen.

Posner, der aus Gera stammte, ist, weil er be=
reits Magister war, nicht durch ein förmliches Jura=
mentum, sondern nur auf Handschlag vereidigt worden.
Er hat eine ganze Reihe von Jahren in Königsberg
gelebt. Wir wissen von ihm, daß er dort sechzehn
Disputationen über die Hauptstücke der Metaphysik
gehalten hat, die er 1657 als Handbuch erscheinen
ließ, unter dem Titel Sapientia prima quam Meta-
physicam vocant, Methodo Scientifica conscripta.[1]
Dann aber wurde ihm im gleichen Jahr — zu der=
selben Zeit, als er sein Begrüßungsgedicht an Filidor
schrieb — gewiß wegen seiner wissenschaftlichen Tüchtig=
keit eine besondre Vergünstigung zuteil. In Königs=
berg durften theologische Vorlesungen nur von den
Professoren der Theologie gehalten werden. Ein
Nichttheologe, der ausnahmsweise mit in diesem Fache
lehren wollte, mußte sich bei der theologischen Fa=
kultät melden, eventuell ein Tentamen ablegen und
wurde dann von der gesamten Fakultät (nicht von
dem Dekan allein) mit Stimmenmehrheit auf ein
Halbjahr (zunächst nicht länger) bevollmächtigt, theo=
logische Vorlesungen zu halten. Diese außerordent=
liche Gunst ist Martin Posner gewährt worden. Er

---

[1] Ein Exemplar befindet sich in Königsberg.

hat „a. 1657 ben 22. Junii unter dem D. Dreier besselben 33. Dissertation wider die Päbstler pro facultate Collegia Theol. aperiendi vertheibiget[1]".
Aber er blieb nur noch zwei Jahre an der Preu=ßischen Universität. Die Acta historico-ecclesia-stica, Bb. 10, Weimar 1746, S. 411, berichten: „M. Martinus Poßner, von Gera, Candibat. Theol. Past. und Superint. ein gelehrter und geschikter Mann, der gute Inspection hielte, übernahm Domin. Oculi 1659 das Amt (nämlich die Superintendentur in Saalburg), und kam von Königsberg in Preußen hieher, wurde 1667[2] Super. in Lobenstein, und ver=sahe auch bis 1669 die Inspection in Saalburg mit, starb 1669 zu Lobenstein". Was ihn ursprünglich nach Königsberg gezogen hatte, ist fraglich. Die

---

[1] D. Daniel Heinrich Arnoldts ausführliche .... Historie der Königsbergischen Universität. I. Tl. Königsberg 1746. S. 218 f. — Vgl. auch G. C. Pisanstis Entwurf einer preußischen Literärgeschichte in vier Büchern, herausge=geben von Rud. Philippi. Königsberg 1886. S. 254 f., 298 f., 319.

[2] Über diesen Termin bin ich freilich anders berichtet. Herr Bürgermeister Kröcher in Saalburg teilt mir als dortigen Eintrag mit: „Martin Poßner ein Geraner seit Dom. Oculi 1659 Pastor und Superintendent, ging 1666 als Superintendent und Pastor primarius nach Lobenstein, behielt aber bis zu seinem 1669 erfolgten Tode die Inspektion über Saalburg bei".

preußische Universität hatte schon während des dreißig=
jährigen Krieges viel Zuzug von Studenten aus
dem Reich. Das Leben war dort wohlfeil, die Lehr=
kräfte gut; es gab viele Wohlfahrtseinrichtungen,
die auch nichtpreußischen Studenten zu gute kamen.
Voigtländer, speciell Geraner, weist die Matrikel in
großer Zahl auf: vielleicht war auch Heinrich Albert,
dessen Familie aus Gera stammte, eine Anziehungs=
kraft. Freilich, als Martin Posner immatrikuliert
wurde, war der vortreffliche Musiker schon vor zwei
Monaten begraben worden.

Nach diesen Mitteilungen ist es klar: In Königs=
berg, als Studiengenossen des Magister Posner,
haben wir vom Wintersemester 1651/52 bis 1654/55
Filibor den Dorfferer zu suchen. In der Königs=
berger Matrikel muß er stehen, denn vier Jahre
wird er doch nicht völlig als Wildling gelebt haben.
Aber wie aus der langen Reihe von Namen den
einen herausfinden?[1]

Wir müssen nochmals, nunmehr mit geschärften
Blicken, nach der Heimat des Dichters ausschauen.

---

[1] Nachforschungen über das Verhältnis Filibors zu
Johannes Wolfe haben zu keinem Resultat geführt. Ihm
ist das vierte Zehen gewidmet: „dehm edlen Elb=Schäfer
Nephelibor, aus Nilabelfia (Anagramm für Lieflandia)".
In Königsberg hat Wolfe nicht studiert.

2.

Das zweite Zehen der „Geharnschten Venus" ist
zugeeignet „Denen Hoch=berühmten Gerenschäffern
Glykandern Hypsilas und Dafnis". Die seltene
Bezeichnung für die drei Männer hat Eschenburg,
um die Autorschaft Jacob Schwiegers zu stützen,
dahin erklärt, daß Gehre eine Gegend im Holstei=
nischen an der Elbe sei. Das ist nun ganz unmög=
lich. Es widerstreitet allem Sprachgebrauch des
17. Jahrhunderts, die Schäfer nach dem Ort, bei
dem sie weiden, zu benennen. Wir haben keine
Nürnbergschäfer, sondern Pegnitzschäfer, keine Ham=
burgschäfer, sondern Elb= und Alsterschäfer; wir
kennen Weichsel=, Pregel=, Pleißenschäfer u. f. w.
Also nach den Flüssen, an deren Ufern sie sich
lagern, werden sie benannt. Und deshalb kann
„Gerenschäfer" nichts andres bedeuten als die Schäfer
an der Gera, dem Flüßchen, das vom Thüringer=
wald her der Unstrut zueilt. Dort wohnten dem
Filidor „herzensvertraute Herrn" und „alte Freunde".

Aber noch innigere Beziehungen fesselten ihn an
diese Stelle. Wir müssen uns die Situation des
Liedes III 10, der Abschiedsode an Barbara=Rosille
vergegenwärtigen: Einst ist er im Norden bei ihr

gewesen, jetzt hat er den Ort, wo sie wohnt, also
Königsberg, verlassen; nur der „Südwesten=wind"
(Str. 8) könnte ihn zurückführen. Von seinem jetzigen
Aufenthalt aber sagt er:

> Jezt hält mich ein beqweemer Ort
> mich kühlt ein Zefyr auß der Gehre,
> ich bin bedienet fort für fort
> mir mangelt nichts an Gunst und Ehre.

Also er selbst wohnt jetzt am Ufer der Gera.
Und da nun dieser Fluß von der Quelle bis zur
Mündung gerade durch das Gebiet fließt, das wir
als Heimat Filidors in Anspruch nehmen mußten,
so ist die Vermutung wohl nicht allzu gewagt, daß
an der Gera des Dichters Wiege gestanden hat und
daß Familienbeziehungen ihn von der Universität
dahin zurückgeführt haben. Ob seine Vaterstadt
etwa Plaue, Arnstadt, Erfurt gewesen, ob er in
einem Dorf zur Welt gekommen, das mögen seine
Gedichte uns sagen.

Noch einmal haben wir den Sprachschatz Fili=
dors zu mustern und wiederum nicht auf das ein=
zelne unscheinbare Kriterium, sondern auf den Zu=
sammenklang von Beweisen achtzugeben. Ein Mann,
der nur Liebhaber, nicht Gelehrter sein wollte,
der Pfarrer W. Andreä in Stotternheim, hat im

Jahre 1866 eine Sammlung von Wörtern veröffent=
licht[1], die er aus der Volkssprache in der Umgegend
Erfurts gesammelt hatte. Dort finden wir zwei
Wörter, die auch Filibor geläufig sind:

S. 299. Datern, schnattern, von den Gänsen;
vgl. GV. I 7, 4: die Daber-Ganß.

S. 350. Nährlich, knapp; es reicht nährlich,
mach's nicht zu nährlich; „knapp und nährlich ein
Glas"; vgl. GV. Sinnreben XI: drum hat Rosilis
das Licht allzunährlich abgemeßt (d. h. den Docht
zu kurz geschnitten).

Es belehrt uns ferner der Wenkersche Sprach=
atlas, daß noch heute in Erfurt und Umgegend als
part. praet. von „sein" die Form „geweft" gilt.
Auch bei Filibor, der sonst schriftdeutsch „gewesen"
schreibt, läuft sie einmal mit unter: GV. V 4, 7:
es sey niemand, als der euch unbekant geweft zugegen.

Und noch solch ein verstecktes Eckchen giebt es,
an dem sich des Dichters Dialekt verrät. In der
ganzen Umgebung von Erfurt ist heute die schrift=
sprachliche Form „gelaufen" durchgeführt; einzig und
allein in Stadt=Erfurt selbst hat sich bis auf diesen

Tag die alte dialektische Form „geloffen" erhalten.
Und wieder, wo sich Filidor etwas gehen läßt, wie
in den beigegebenen Madrigalen, geschieht es, daß
ihm, im Reim auf „offen", die Wendung entschlüpft:
der Wangen Schwärz' ist Quittengeel beloffen.[1]

So ist es denn wohl kein Zweifel mehr, daß er
aus Erfurt stammte. Und nun, nachdem wir Schritt

---

[1] Beiläufig will ich noch ein letztes Merkmal der Sprache
Filidors anführen: er braucht die Eigennamen bisweilen
mit, bisweilen ohne Artikel (mit Artikel GV. I 7, 7 die
Rosille; II 5, 1 die Dellmane; III 9, 1 die Mele u. ö.;
ohne Artikel GV. I 8, 1 Dorinbe hat mich erst gelehrt;
II 4, 1 Legere läßt sich öfters grüßen u. ö.). Das läßt
zweierlei Deutung zu. Entweder stammt Filidor aus einem
Grenzgebiet, wo man unentschieden war, ob man den Artikel setzen soll oder nicht. Dann muß der Gebrauch im
17. Jahrhundert etwas anders lokalisiert gewesen sein als
im 19. Heute ist, wie mir die Herren Professoren Gunder-
mann und Behaghel in Gießen freundlichst mitgeteilt haben,
der Artikel in Erfurt gar nicht üblich, überhaupt nicht westlich von der Saale; ja selbst am rechten Ufer der Saale ist
er zunächst ungebräuchlich, erst bei Neustadt an der Orla
tritt er auf. Dann aber „wuchert er üppig" bei Gera und
im Altenburgischen Gebiet. Möglich, daß die Verteilung
im 17. Jahrhundert eine andere war, und daß Filidor der
Gebrauch des Artikels doch nicht so fremd war. Sollen wir
aber die heutigen Grenzen des artikellosen Gebietes auch für
jene Zeit gelten lassen, so weiß ich für den Sprachgebrauch
Filidors nur die Erklärung, daß ihm von Haus aus, von
Erfurt her der Artikel fremd war, er sich aber seinen Gebrauch hie und da durch die jahrelange Stubengenossenschaft
mit Martin Posner, dem Geraner, angewöhnt hat.

für Schritt bis zu diesem Punkt gelangt sind, ge=
winnt für uns das eigentümliche Wort auf dem
Titelblatt eine ganz besondere Bedeutung: „Filidor
der Dorfferer". Was soll diese sprachwidrige Neu=
bildung? Dem unbefangenen Leser kann sie nur die
Vorstellung erwecken, als komme Filidor vom Dorfe,
wie er denn auch in der Zuschrift zum sechsten Zehen
sich den „Hirten Filidor" nennt. Auch muß der
Dichter früher einmal Eklogen oder dergleichen ver=
faßt haben, denn Martin Posner, der vertraute
Freund, spielt darauf an:

Da du in Stäten lebtst, da schriebestu von Feldern,

und Filidor selbst gedenkt dieser wahrscheinlich ver-
lorenen Gedichte (GV. I Zuschrift):

Mein Apollo trug sich hoch; merket' er von dir sich preisen:
Meinen armen Hirten=Musen ward der Lorber fast zuschlecht,
wenn sie deinen Beyfall hörten: Selbst ich ringer Schäfer=
Knecht
bildte mir den Abel ein, lobtstu meiner Flöte Weisen.

Aber für Eingeweihte muß in dem Wort „der
Dorfferer" noch ein geheimnisvoller Klang gesteckt
haben, und nicht umsonst hat der beste Kumpan des
Dichters, Martin Posner, über sein Begrüßungs=
carmen ausdrücklich als Zeichen des Verständnisses
die Worte gesetzt: „An seinen vertrauten Freund

ben Dorfferifchen Filibor". Der „Dorfferer" ift eben ein Anagramm für ben „Erfforber", für ben, ber aus Erfurt (Erfordia) ftammte.

3.

Nun wirb es wohl nicht fo fchwer mehr fein, aus ber Königsberger Matrifel ben Dichter hervor= juholen. In ben Jahren, bie für uns in Frage kommen können, finb als Erfurter bort immatrifu= liert worben[1]:

1648, 15. Octob. Stephanus Eilsner, Erffurd. — jur[avit] — 2—5.

1650, 15. Sept. Joachimus Pelargus, Erfurd: Thur:, jur. — 2—5.

1652, 5. Aprilis. Nicolaus Pilgram, Erfurto-Thuring. jurav. ddt. 2—5.

1653, 21. Aprilis. Casparus Stieler. Erfurto-Thuringus. — 2—5.

1653 (Mai). Christian Heinrich Wagner, Erf. Thuring. — 2—5.

1654, 4. Junij. Johannes Wagnerus, Erfurti Thuringus. — 1—2$^{1}/_{2}$.

---

[1] Das Fafultätsftubium fehlt in biefer Zeit burchweg, wie mir Herr Dr. Wittich mitteilt; ebenfo wenig ift bie Ermatrifulation eingetragen.

1654, 13. Junij. Johannes Bartholomaeus El-
nerus, Erfurt. Thur. —   · 2—5.

1654, 11. Julij. Georgius Adolphus Zigler, Erfurt. Thuring. —   2—5.

1654, 2. Sept. Johan: Jacobus Wittig, Erff:
Thuring. —   2—5.

1654, 8. Octob. Johannes Andreas Losanus,
Erfurto-Thuringus, jur. —   4—10.

Weitere Erfurter sind nicht ausfinbig zu machen.
Die Liste zählt zehn Personen auf, neben neun Un=
bekannten nur Einen, der sich als Dichter, als frucht=
barer Schriftsteller, nach seinen Ansprüchen auch als Ge=
lehrter hervorgethan hat: Kaspar Stieler. Die Wahr=
scheinlichkeit neigt sich selbstverständlich zu seinen Gun=
sten. Aber allerdings, eins scheint zu widersprechen:
die Zeitrechnung. Filidor soll die Jahre 1651 bis 1654
mit Posner in Königsberg verbracht haben; Kaspar
Stieler aber wurde erst 1653 immatrikuliert. Die
Schwierigkeit ist leicht zu beseitigen; wir wissen aus
andren Nachrichten[1], daß Stieler sich schon seit 1650
in Königsberg aufhielt, auch wenn er erst mehrere
Jahre später in den akademischen Verband eintrat.

---

[1] Ich verweise der Kürze halber auf den Artikel von
Edward Schröder, ADB. 36, 201/3, wo weitere Litteratur
angegeben ist.

IV.

Es hat uns, wie ich denke, frei und ungezwungen
die Vermutung zu dem Resultat geführt, daß sich
Kaspar Stieler hinter dem Pseudonym Filidors des
Dorfferers verbirgt. Für mehr als eine Vermutung
gebe ich diese Entscheidung aber immer noch nicht
aus. Jetzt soll das vierte Kapitel die Wahrschein=
lichkeit zur Gewißheit erhärten, indem es eine Probe
auf das Exempel macht.

1.

Eine wichtige Bestätigung gewinnen wir zunächst
dadurch, daß alle Erlebnisse Kaspar Stielers und
Filidors ohne jeden Widerspruch miteinander über=
einstimmen. Ja, es gewinnt die Jugendgeschichte
des Dichters, wenigstens der Königsberger Aufent=
halt, nun bedeutend mehr Farbe. Daß Filidor und
Stieler beide aus Erfurt stammen, beide in Leipzig
studiert haben, ist bekannt. Auch die Dauer des
Königsberger Aufenthalts (Grenze 1650/1 bis Mitte
1657) stimmt überein. Wird uns von Stieler be=

richtet, daß er den Unterricht Valentin Thilos, eines Mitgliedes der Kürbshütte, genoß, so hat sich die Folge davon in unsren früheren Untersuchungen gezeigt. Daß ferner Filidor vom ostpreußischen Landleben eigne Anschauung gewonnen hat, erkennen wir aus vielen seiner Gedichte; auch in Stielers Leben können wir solch einen Landaufenthalt, eine Hauslehrerzeit auf dem Gut Puschkeiten, nachweisen. Ich glaube aber, daß das nur eine sehr kurze Episode in seinem Leben gewesen ist, die das Zusammen= wohnen mit Martin Posner nur auf wenige Wochen oder Monate unterbrochen hat. Meldet doch Johann Heinrich von Falckenstein[1], der als Gemahl einer Enkelin Stielers sehr gut unterrichtet sein konnte, daß dem Hofmeister auf jenem Landgut „viele Ver= drießlichkeiten begegneten". Keinesfalls kommt die Zeit bald nach dem April 1653 in Betracht, weil damals Stieler sich, natürlich nicht ohne Grund, immatrikulieren ließ.

Besondres Interesse gewinnen die überein= stimmenden und sich wechselseitig bestätigenden Er= lebnisse während der Jahre des Krieges. Daß auch Filidor, wie Stieler, gegen Polen zu Felde zog, er=

---

[1] Analecta Nordgaviensia. Erste Nachlese, 1734, S. 257.

sehen wir aus dem Begrüßungsgedicht seines Freundes
Johannes Wolke (GV. S. 6):

> der Pindus muſt' erklingen,
> auch ſo, daß ſelbſt der Pohl
> ſich wandte von den Sebeln.

Kaspar Stieler ſtand bei dem Dragoner-Regi=
ment von Wallenrodt, erſt als Auditeur, ſchließlich
als Kapitän=Lieutenant, alſo in brandenburgiſchen
Dienſten. Da nun im Winter 1655/6 der Kurfürſt
faſt ſeine ganze Reiterei in Königsberg zuſammen=
zog, ſo iſt anzunehmen, daß auch Stieler=Filibor die
Zeit in der Stadt verbracht hat. Und in jenen
Monaten wird ſeine Liebe zu Barbara=Roſille ihren
Anbeginn genommen haben, jene Liebe, von der der
wackere Poſner nichts geahnt zu haben ſcheint, die
aber Filibors ganze Kriegszeit verſchönt hat. Im
Winter hat er das Mädchen kennen gelernt; er ſelbſt
ſagt es in dem Gedicht „Seiner Liebe Anfang"
(GV. I 4):

> Eyß und Winde
> ſind meiner Flammen Angezünde.
> Du weiſt es wie auf jener Fluht,
> von kalter Norden-luft geſtanden,
> ich lag in deiner Arme Banden.
> Wie ich dich von dem Wagen nahm
> und küßte die gefrorne Wangen:
> Bald hat mein Herze Gluht gefangen.

Damals rückte der siegreiche Schwedenkönig
Karl X. bis dicht vor die Thore von Königsberg,
und in den ersten Tagen des Jahres 1656 wurde
zwischen ihm und dem Branbenburger der Vertrag
von Wehlau abgeschlossen, in dem sich Friedrich
Wilhelm u. a. verpflichtete, ein Hülfsheer von 1500
Mann zu stellen. Unter diesen Truppen, die der
König sofort noch im Januar bei aller Winterkälte
südwärts durch Masovien, an den Bug und weiter
führte, muß sich auch Filibor befunden haben. Denn
ein zweiter Winterfeldzug hat in jenen Gegenden
nicht stattgefunden. Er gedenkt dieser Unternehmung
GV. III . 10:

> Es hielte mich das Norden-land
> wo Zyntius zu Bette gehet,
> die Gegend war mir unbekand,
> ihr fremder Steig mit Schnee verwehet,
> da stund' ich auß Gefahr und Noht
> es stritten mit mir Furcht und Tob:
> der scharffe Sebel der Barbaren
> ist offters um mein Haupt gefahren.
> Grabivus ließ mich keiner Ruh
> in vielen Nächten nicht geniessen.
> Du Bug und strenges Masau du
> ihr werdet mir es zeugen müssen.

Aber unter all den Strapazen ist ihm fröhlich
zu Sinn gewesen bei dem Gedanken an die Liebe
des Mädchens, die er soeben gewonnen hatte:

Doch hab' ich in so vieler Müh
Angst, Sorg' und Furcht geklaget nie,
warum? der Stern der Fröligkeiten,
Rosille leuchtte mir zur Seiten.

Wieviel er dann noch von den Wechselfällen des
Krieges mitgemacht hat, entzieht sich unsrer Kenntnis.
Im Sommerfeldzug, in der dreitägigen Schlacht bei
Warschau standen brandenburgische Truppen an der
Seite der Schweden, und sicher Filibor mit ihnen.
Dann aber im Spätsommer und Herbst 1656 ging
mit weit ausgreifenden Entsetzensschritten die Pest
durch die Reihen der Soldaten und wütete im ganzen
Ostseegebiet. Auch Stieler=Filibor scheint von ihr
ergriffen worden zu sein; eine sonst gar nicht kon=
trollierbare Angabe bei Falckenstein [1] findet ihre volle
Bestätigung durch die Geharnschte Venus. Wir
lesen in Stielers Lebensbeschreibung: „Indem er
aber in einer Campagne gefährlich kranck wurd, ließ
er sich wieder nach Königsberg bringen". Und
Filibor schildert sich III 4, wie er zum Skelett ab=
gemagert in Königsberg liegt und wie das geliebte
Mädchen bei ihm Krankenwache hält:

Ich lieg' allhier auff soviel Wochen,
mein Leib ist lauter dürre Knochen,
der Lippen Purpur blässet weiß,
der arme Band ist Todten-eyß.

[1] l. c. S. 257.

Ich bin nicht mehr ein Menſch zu nennen,
mich meiden alle, die mich kennen,
Roſille bleibt bey mir und wacht
ſo manche, manche, manche Nacht.

Auch die Freunde waren redlich um ihn bemüht,
in Nacht und Nebel (GV. I Zuſchrift) war der treue
Poſner unterwegs, um Heilmittel zu beſorgen.
Nach dieſer Krankheit, auf die gewiß eine lang=
ſame Rekonvalescenz folgte, ſcheint Stieler=Filidor
nicht wieder ins Heer eingetreten zu ſein. Im
Frühling 1657 wird er Königsberg verlaſſen haben.
Den Grund ſeines Abſchieds verſchweigt er uns
(GV. VI 9):

Was mich zwinget abzuſcheiden,
weiſtu Seelchen, mehr als wol.
Der geſtrenge Norden-Pol
wil mich dieſer Zeit nicht leiden.

Die Landwege waren wohl in den Kriegszeiten
noch unſicher; das mag der Grund geweſen ſein,
weswegen er zu Schiff abreiſte (GV. VI 9, 2: iezt
zieht man die Segel auff; 8: Hiemit ſteig' ich in
den Nachen).
Eine kleine Ungenauigkeit begehen die Biographen
Stielers, wenn ſie ihn gradeswegs nach Hamburg
reiſen laſſen. Er muß nach der oft citierten Abſchieds=
ode an Barbara, III 10, zunächſt ſeine Vaterſtadt

Erfurt noch einmal aufgesucht und sich dann erst
nach den Hanseståbten gewandt haben. Im Hoch=
sommer ist er dort angekommen; am 11. August
1657 datiert er hier die Widmung des zweiten Zehen
an die drei Gerenschäfer, die Freunde also, die er
eben erst besucht hatte.

Dann hat Stieler in Hamburg seine Lieder=
sammlung redigirt, ist aber bald wieder weiter ge=
zogen. Die Handelsstadt mit ihren fest eingewurzelten
Lebensgewohnheiten war kein Aufenthaltsort für
den unruhigen Gast, der erst austoben mußte. Er
empfand es selbst, daß er nicht dahin gehöre, und
sagt in der Zuschrift des vierten Zehen:

war schon nichts an mir zu finden, welches dieser kleinen Welt
die nu ganz Merkurisch lebet, in die stolzen Augen fällt.

Er trieb sich noch jahrelang rastlos in der Welt
herum; und eben weil er so eilig die Vaterstadt
seines Verlegers verließ, wurde der Druck der „Ge=
harnschten Venus" so lange verzögert. Erst 1660
trat sie ans Licht.

2.

Eine weitere Stütze für unsre Vermutung ge=
winnen wir aus den musikalischen Beigaben. Es
war besonders in Hamburg Sitte, Liedersammlungen

•

im handlichen Oktavformat mit Melodien auszustatten,
einer Singstimme und einer begleitenden Grund=
stimme. Die Kantoren an den Kirchen der Hanse=
stadt, aber auch Musiker aus andren Orten traten
da als Komponisten auf. Mancher hat hunderte
von Melodien dieser Art geschaffen und oft so eilig
aufs Papier geworfen, daß ihm nichts daran lag,
sie ausdrücklich mit seinem Namen zu bezeichnen.
Meist haben sich die Komponisten damit begnügt,
die Anfangsbuchstaben ihres Vor= und Zunamens
dem Liede beizufügen.

So ist es auch in der „Geharnschten Venus"
geschehen. Und Raehses Aufgabe bei seinem Neu=
druck wäre es gewesen, diese Chiffren mitzuteilen.
Er hat das nicht gethan, vielmehr, ohne daß ihn
jemand kontrollieren konnte, geschlossen: weil einige der
Melodien mit J. S. bezeichnet sind, so stammen sie
von Jacob Schwieger; und Jacob Schwieger ist der
Verfasser der „Geharnschten Venus".

Ich will hier das Versäumte nachholen, vorher
aber noch auf einen Passus in Filidors Vorrede
hinweisen: „Die Melodeyen betreffend, sind deren
wenige entlehnet, etliche von einem der berühmtesten
Meister, auff dessen höchst ruhm=würdigen Sazz
weder der Neid noch einziger Tadler das geringste

7*

Wort zuſprechen mir überſchiffet: Abermahls finden
ſich andere, die zwar in der Eil, aber dermaſſen
geſezzet, daß ſie deiner Luſt, woferrn du nicht ſelbſt
ein Luſt=Feind biſt, ſattſame Genüge tuhn werden:
Die übrigen übelklingenden ſchreibe ich mir zu, als
die ich nach meiner Einfalt gedichtet, nur vor mich
und wehm ſie gefallen. Mißfallen ſie dir; ſo laß
ſie liegen. Ich wil doch wol zu hören finden.
Willſtu ſie aber verdammen, ſo bin ich der erſte,
der ſich wieder dieſelbige zu zeugen, erbeut.“

In vier Gruppen alſo teilt Filidor die Melodien,
und ſo will ich ſie auch anordnen.

I. Die entlehnten Weiſen, das ſind jene fran=
zöſiſchen Arien und Balletts, deren Texte wir früher
bei der Betrachtung des rhythmiſchen Baues der
Gedichte ausgeſchieden haben: III 8; IV 4 und 9;
VI 1; 2; 3; 4; VII 2 und 8.

II. Die Kompoſitionen des berühmten Meiſters
ſind nach meiner Vermutung die mit C. B. be=
zeichneten. Sie verraten die meiſte Sorgfalt; dem
Muſiker lag daran, daß auch die Begleitung in
ſeinem Sinne ausgeführt wurde. Er verſah deshalb
jede Melodie mit einem bezifferten Baß. Dagegen
verrät ſich eine gewiſſe rhythmiſche Einförmigkeit
und ſogar Gleichgültigkeit; man ſehe z. B., wie er

in I 4 und I 9 den vom Dichter gewollten Rhythmus zweimal auf die gleiche Weise zunichte macht. Von ihm stammen die Lieder I 4; 9; II 5; 8; III 9; IV 2; 6; 8; 10; VII 3; 6; 7; 9; 10. Wer freilich dieser Meister war, vermag ich nicht zu sagen. Sollte es Christoph Bach sein, der Großvater Johann Sebastian Bachs, der ja auch an der Gera wohnte, in Arnstadt?

III. In die Gruppe derer, die der Luft noch sattsam Genüge thun, gehören vier Musiker:

Von M. C. stammen die Weisen II 2; 3; 4; 6; 9; 10; III 4; 5; 6; 7; 10; V 1 bis 10; VII 1. Diese Stücke scheinen wirklich in der Eil gesetzet zu sein;

von J. M. R. stammen VI 5; 6;

von J. K. (vielleicht Johannes Krusius, der für die Hamburger Verleger Rebenlein und Pfeiffer komponierte) II 7; IV 5; 7;

von J. S. I 6; 7. Diese Melodien hat man Jacob Schwieger zugeschrieben! Die kann gar kein Dilettant komponiert haben. Sie gehören zum Besten, das überhaupt in dem ganzen Büchlein steht. Mit voller Freiheit läßt der Musiker die begleitende Stimme sich kontrapunktisch gegen die Melodie

bewegen. Ich glaube, daß diese beiden Lieder von
Johann Schop in Hamburg herrühren.

IV. Die Kompositionen Stieler=Filibors sind
natürlich die mit C. S. bezeichneten: I 1; 2; 3; 5;
8; 10; II 1; III 1; 2; 3; IV 1; 3; VI 7; 8; 9;
10; VII 4; 5. Sie sind sehr ungleich. I 5 „Laß
uns Kind der Jugend brauchen" klingt so frisch, so
volksliebmäßig, so organisch im Periodenbau, daß
es uns noch heute anmutet. Andre wieder sind
von einem lächerlichen Ungeschick. Überall aber setzt
ein entschiedener Rhythmus ein, der oft zum Stampfen
mit dem Fuß herausfordert.

3.

Käme es darauf an, das ganze Wirken Kaspar
Stielers zu charakterisieren, so müßte ich die „Ge=
harnschte Venus" auch mit seinen übrigen Dichtungen
stilistisch vergleichen. Er hat noch viel geleistet. Es
unterliegt mir schon nach flüchtiger Untersuchung gar
keinem Zweifel, daß die sämtlichen Festspiele des
Rudolstädter Filibor von ihm herrühren. Aber der
Nachweis hierfür würde uns viel zu weit von unserm
Stoff ableiten.

Ich habe ferner zu meiner Beruhigung späte
Prosaschriften Stielers, vor allem „Zeitungs Lust

unb Nuß" exzerpiert unb mit der Geharnschten Venus
verglichen. Überall dieselben Formen, dieselben
Lieblingswörter. Es lohnt nicht, Verzeichnisse zu
geben. Sie tragen zur Charakteristik der Lieder
Filibors oder seiner Kunst nichts bei; unb seine
Autorschaft zu beweisen, giebt es ja Mittel genug.
Aber ein Werk von Kaspar Stieler möchte ich
doch noch zur Betrachtung heranziehen, weil dabei
einige seltenere Wörter unb Wendungen aus der
„Geharnschten Venus" ihre Erklärung finden. Wenn
nämlich Stieler der Venussänger war, so liegt die
Frage nahe, wie sich denn zu dem Wortvorrat seiner
Lieder das große Lexikon verhält, das er später aus-
arbeitete, „Der Teutschen Sprache Stammbaum unb
Fortwachs", Nürnberg 1691.[1]

Man muß sich natürlich klar sein, wie weit man
in den Spalten dieses Wörterbuchs eine Bestätigung
für die Autorschaft von Filibors Liebesliedern finden
kann. Zunächst ist zu berücksichtigen, daß zwischen
beiden Werken eine Reihe von Jahrzehnten liegt.
Sodann hat Stieler im „Stammbaum" nicht lediglich
seinen eignen Sprachgebrauch fixiert, obgleich er ein
besondres Interesse für die Rede seiner Thüringischen

---

[1] Ich citiere es als TSpr.

Stammesgenossen zeigt. Aber neben vielen andren
muß es doch als Beweis für die Identität Stielers
und Filibors mit gelten, wenn eine große Reihe
auffallender Wendungen gerade aus der „Geharnschten
Venus" in jenem Lexikon so unbefangen seine Er=
klärung findet, als handle es sich gar nicht um
Seltenheiten, sondern um die gebräuchlichsten Dinge.

Es versteht sich, daß die Ausdrücke, die aus der
ostpreußischen Mundart gewonnen waren, in Stielers
„Stammbaum" nicht mit aufgeführt sind (Marigelle,
vertrögen u. s. w.). Ebensowenig finden wir solche
Wörter, die der jugendliche Dichter, wie so manche
Zeitgenossen, im furor poeticus für den Moment
neu geschaffen hatte und die, obwohl sie nichts als
Komposita sind, doch ein Talent zur Sprachbe=
reicherung zeigen. Solche Wörter, die übrigens auch
im Grimmschen Wörterbuch sämtlich fehlen, sind:
Angesuch. GV. I 1, 1: ich will auff Venus An=
  gesuch ihr süsses Liebes=handwerk treiben.
Angezünde. GV. I 4, 7: Eyß und Winde sind
  meiner Flammen Angezünde.
Beblaut. GV. IV Zuschrift: weil Apollo in dem
  Felde des beblauten Himmels blizzt.
Beernstet. GV. V 9, 3: ob ihr beernst Gesicht
  auß roter Menje blinke.

Befelst. GV. VI Zuschrift: so stünd' es nicht be=
felßt in seiner Zierligkeit.

Bejungt. GV. VI 5, 1: die Kette der bejungten
Zeit.

Eifervoll (= eifersüchtig). GV. VII 1, 14: Diß
sach der Eyffer=volle Mohn.

Flügelrenner (= Pegasus). GV. VI Zuschrift:
daß ihn der Flügel=renner nach Zefeus
Tochter trug.

Hochwitz. GV. Zuschrift zu den Sinnreden: Euer
hoch=wizz zwinget mich diese Reden Euch zu=
geben.

Judasfeuer (= verräterisches Feuer). GV. V 4, 5:
Latern und Licht entdecket mich nur nicht!
kehrt ab das Judas=Feuer.

Milchblut. GV. I 3, 3: Das Milch=blut der
Zinnober=Wangen.

Nesselkuß. GV. II 2, 12: o ihr scharffen Nessel=
küsse, o daß ihr mir wart so süsse!

Pferdeguß (= Hippokrene). GV. I 2, 5: so bin
ich schon beflösset mit Wasser auß dem
Pferde=Guß.

Ruhmmaul (als Schimpfwort). GV. II 8, 2:
Sieh, Ruhm=maul, wie bestehstu nu!

Seidenhand. GV. IV 3, 5: Sie rührte mit den Seiden=Händen mich, ihren Lieben, sachtlich an.

Ungemenscht. GV. V 2, 3: was mich so ungemenscht wil kränken; VI 6, 2: Rauffet euch, Ihr Nymfen=schaaren, ungemenschet in den Haaren.

Unglücksstand (nach Analogie des gebräuchlichen „Freudenstand"). GV. III Zuschrift: das mir im Unglücks=stand ... boht Guht und treue Hand.

Auch viele Komposita mit Honig, Silber, Wolle, Zucker, die im 17. Jahrhundert immer affektierter werden, gehören hierher.

Es fehlen sodann in Stielers „Stammbaum" solche Wörter aus der „Geharnschten Venus", die inzwischen veraltet waren. Gerade für diesen Prozeß des Absterbens gewisser Wörter, die ein und derselbe Dichter in der Jugend braucht und im Alter verwirft, ist der Vergleich der Lieder mit dem Lexikon interessant. Hier sind zu nennen:

Aufwärtig. GV. III Zuschrift: Meiner Hochgeehrten Herren auffwärtiger Diener.

Bereicht (= bereichert). GV. I Zuschrift: Was für lehr=bereichte Lust hab' ich dar bey dir genossen!

Bezwängnis. GV. VI Zuschrift: meiner Schul=
digkeit Bezwängnüß zu erfüllen.

Man sieht, Stieler braucht solche am Ende des
Jahrhunderts abkommende Wörter gern in den Zu=
schriften, wo er sich feierlicher giebt; sie klangen also
wohl schon in den fünfziger Jahren etwas altmodisch.
Dazu kommt, daß er in der „Geharnschten Venus"
das Verbum „sehen" flektiert: sichst, sicht, sach u.s.w.,
im TSpr. dagegen anmerkt, diese Formen seien nur
die vulgären, die jetzt gebräuchlichen „siehst, sah u.s.w."
dagegen reines Schriftdeutsch. Noch ein andres Wort
wird man in Stielers TSpr. vergeblich suchen, das
Abjektiv „gölden". Diese Kompromißform zwischen
gülben und golden ist um die Mitte des 17. Jahr=
hunderts nicht selten, kommt aber rasch aus der Mode.
Filidor schreibt durchweg „gölden, vergöldet" — in
Parenthese will ich bemerken: innerhalb der Reihe
der Rudolstädter Festspiele ändert sich der Gebrauch —
ber alte Stieler braucht nur „gülben". Und TSpr.
S. 679 hebt er den Finger auf und lehrt: „Gülden,
adj. non Gölden, quia o in u nobis perpetuo
mutatur".

Nun aber die Beispiele, die uns zeigen, wie noch
dem alten Stieler die Sprache des jungen Filidor
mit all ihren charakteristischen Wendungen vertraut

ift, fo baß manchmal der „Stammbaum" geradezu auch ein Lexikon zur „Geharnschten Venus" darstellt.

Beflößen (fehlt im Grimmischen Wörterbuch). TSpr. = inundare; GV. I 2, 5: fo bin ich schon beflöffet mit Waffer auß dem Pferde-Guß.

Bereiben. TSpr. 1579: fie läßet fich den Drü= schel (= gespitzten Mund) gern bereiben; GV. II 4, 2: laß dir den Mund nicht fo bereiben.

Bloß. TSpr. 200: ein bloßen schlagen, frustrari, a spe dejici, repulsam ferre; GV. II 8, 4: Fürwahr, du schlägeft einen bloffen.

Dabern. TSpr. 268: Dab, est sonus anserum gingrientium: bababa, unde verbum .. babern .... clamare ut anseres solent; GV. I 7, 4: die Daber=Ganß.

Donnerbesen. TSpr. 834: Donnerhure, execranda ac diris devovenda meretrix; GV. VII 4, 1: In Avernus roten Schlund mit dem dürren Donnerbesen.

Entädern. TSpr. 9: entädert, enervis, debilis, infirmus; auch in der Vorrede des TSpr.: dem darf kein Zuchthaus nicht der Kräfte Mark entädern; GV. III 7, 1: Ich bin ohn

biß entäbert bleich; III 10, 5: Der weite
Weg . . . . . entäbert meines Leibes Zier.
Gecker. TSpr. 621: Gecker irrisor, im DWB.
4¹, 1923 nur aus Lexicis belegt; GV. VI 2, 3:
Amor, der Lecker, Jungfern=Gecker.
Hinfall. TSpr. 423: Hinfall obitus, im DWB.
4², 1429 nur aus TSpr. belegt; GV. II
10, 3: Wird iemand denn nach deinem Hin=
fall dein erwehnen.
Hüllen (das Simplex statt eines Kompositum).
TSpr. 864: den Kopf hüllen; GV. VI 6, 2:
hüllet euer Angesichte.
Inland. TSpr. 1062: Eyland, Inland et Insel,
insula; GV. III 9, 1: daß biß das Innland
Zypern sey; auch in den Rudolstädter Fest=
spielen, sonst scheinbar gar nicht zu belegen.
Kreide. TSpr. 1034: Kreide quoque idem est
quod Losung, symbolum militare; GV.
VII 2, 6: Sie merkte bald die Kreyb'; VII
8, 4: Ich vermerkte bald die Kreide.
Lachgesicht. TSpr. 2023: Lachgesicht, facies hi-
laris; GV. V 8, 2: Das Lach=gesicht der
Charitinnen.
Mißpreisen, im DWB. außer bei Zincgref nur
aus Lexicis belegt. TSpr. 1476: mißpreisen,

despectui habere, laudem deprimere; GV.
V 6, 5: benn wirb es an uns mißgepreift.
Miſſen c. gen., iſt Stieler beſonbers vertraut,
cf. DWB. 6, 2260. TSpr. 1281: ich tan
beiner wol mißen; GV. V 5, 1: Eh ich
wolte beiner miſſen.

Schellen (= zerſchellen). TSpr. 1724: Schellen,
cum fragore rumpi, quod frequentius
dicitur Zerſchellen; GV. V 2, 5: es müſſen
beine Schwellen burch ſeinen Blizz in ſtükfen
ſchellen.

Schleuber. TSpr. 1818: Schleuber, propr. esset
luxus; GV. VI 10, 4: Du ſizzeſt auff ber
Schleuber, b. h. bu haſt was zu verſchleubern,
vergeuben.

Schnitt. TSpr. 1901: Schnitt etiam est non
solum mendaciunculum et gloriatio, sed
et impudens et immane mendacium; GV.
II 8, 2: wer traute bir bie Schnitte zu!

Schönchen. TSpr. 1755: Mein Schönchen, lux,
voluptas, columba, bella mea etc. GV.
VI 3, 4: ſo viel Sachen, bie ... auff biß
Schönchen ſein gewenbet an.

Schwänzen. TSpr. 1954: Durch bie Gaßen
ſchwänzen, ambulare per plateas cum pom-

pa, ut quis spectetur ab aliis; GV. Zugabe
12: Du gehst durch alle Gassen schwänzen.
Tacht. TSpr. 2245 verwirft die Formen Docht
und Dacht; GV. Sinnreden XL: Weil der
Neid nach Schwefel=tacht, Feuer=zeug und
Zunder gehet.

4.

Nun fehlt, um die Kette der Beweise zu schließen,
wohl nur noch das Eine, daß Filidor einmal in der
„Geharnschten Venus" ausdrücklich sagt: Ich heiße
Kaspar Stieler. Halbwegs verrät er sich in der
That schon in dem Gedicht IV 8. Er sagt: Ich
besinge dich, Geliebte, unter vielen Namen, Dorinde,
Mele, Rosille und Buschgen, so wie ja auch du mich
verschieden nennst, bald Filidor, bald Oridor[1], bald
Karpes. Dieser dritte Name ist natürlich ein Ana=
gramm für Kasper.

Aber viel klarer redet eine andre Stelle. Simon
Dach hat einmal (K. 136) seinen anagrammatisch

---

[1] Diese, wie überhaupt sehr viele maskierende Namen
im 17. Jahrhundert haben, so schlecht sie gebildet sind, doch
ihre gute Bedeutung. Filidor ist jedenfalls mit φιλία und
δῶρον in Verbindung zu bringen und bezeichnet das Ge=
schenk der Liebe, den Liebhaber; Oridor soll offenbar den
Sohn des Gebirges andeuten, der in die norddeutsche Tief=
ebene verschlagen ist.

umgewandelten Namen für eine scherzhafte Ver=
sicherungsformel verwendet:

> Damon, wo hinfort dich Preussen
> Vnd vorauß des Pregels Rand
> Weg läßt in dein Vaterland,
> Wil ich nicht Chasminbo heissen.

Diese Wendung ahmt Filidor nach in den
Versen GV. II 8, 1:

> Und wo ich dirs, Zelinde, schenke,
> so heiß' ich Peilkarastres nicht.

Peilkarastres ist aber nichts andres als ein
Anagramm des Namens: Kaspar Stieler.

———⟨⟩———

Stieler hat nie wieder eine Liederſammlung
herausgegeben. Übermut und Thatenluſt, auf=
rüttelnde kriegeriſche Erlebniſſe und eine kurze
herzliche Liebe hatten den Lyriker in ihm er=
weckt. Als aber auf Jahre der Unraſt die Ruhe
folgte, mit Amt und Ehren, Hochzeit und Kindtaufe,
da verſiegte dieſe Ader. Mit keiner Silbe hat er
in ſpäterem Alter der „Geharniſchten Venus" gedacht.
Eine Erſcheinung, die uns im 17. Jahrhundert ſo
oft begegnet, wiederholt ſich bei ihm: er ſchämte ſich
ſeiner poetiſchen Jugendſünden. In der Teutſchen
Sprache Stammbaum und Fortwachs ſtreift der
Blick des „Spaten" manchmal die deutſche Dichtung:
unter dem Wort „Hütte" denkt er der Kürbshütte,
unter dem Wort „bringen" der fruchtbringenden
Geſellſchaft; in dem Artikel „rüſtig" drängt es ihn,
Johann Riſts Andenken zu erneuen. Aber, was
einem anders gearteten Poeten wohl nahe gelegen
hätte, bei dem Worte „geharniſcht" ſich der Venus

zu erinnern, das kam Kaspar Stieler nicht in den
Sinn. Und so ist es kein Wunder, daß die Lieder-
sammlung jahrhundertelang als ein anonymes
Werk galt oder einem falschen Autor zugeschrieben
wurde.

www.ingramcontent.com/pod-product-compliance
Lightning Source LLC
Chambersburg PA
CBHW030626270326
41927CB00007B/1319